Geschichte Geschehen

Gerhard Henke-Bockschatz
Ursula Fries
Willi-Günther Haßdenteufel
Klaus Helbig
Peter Offergeld
Erika Richter
Michael Sauer
Jörg Schelle
Helge Schröder
Uwe Walter
Maria Würfel

Ernst Klett Schulbuchverlage
Stuttgart · Leipzig

1. Auflage 1 10 9 8 7 6 | 2015 14 13 12 11

http://www.klett.de

Redaktion: Kerstin Meyer, Braunschweig

Satz: Ernst Klett Schulbuchverlag Leipzig GmbH, Leipzig
Einbandgestaltung: Krause Büro, Leipzig
Repro: Meyle & Müller, Pforzheim
Druck: W. Wirtz, Speyer

Printed in Germany

ISBN-13: 978-3-12-411053-4
ISBN-10: 3-12-411053-6

Inhaltsverzeichnis

Meine Familiengeschichte

Bei der Erforschung deiner Familiengeschichte kannst du viel über deine Vorfahren lernen, zum Beispiel woher deine Familie stammt, welche Berufe die Familienmitglieder ergriffen haben, wie sie gelebt haben. Durchstöbere mit deinen Eltern und Geschwistern die Fotoalben deiner Familie. Befrage sie nach Kindheit, Schulzeit, Beruf und dem alltäglichen Leben (Wohnen, Schule, Essen, Kleidung, Freizeit usw.).
Um die Geschichte deiner Familie zu ordnen, entwirf einen Familienstammbaum. Trage in die erste Zeile den Namen ein, in die zweite Zeile den Geburtsort, darunter den Wohnort und dann den Beruf. In die untere Zeile kannst du eine weitere, interessante Information aufnehmen. Vielleicht kannst du nicht alle Kästchen ausfüllen, vielleicht weißt du aber auch noch etwas über deine Urgroßeltern. Dann musst du den Stammbaum auf einen DIN A3-Bogen kopieren und nach unten erweitern.

Beschreibe die Berufe, die es in deiner Familie gab, in Stichworten:

Notiere die Gründe, die bei deinen Eltern und Großeltern zu ihrer Berufswahl geführt haben:

Erkläre, was du bei einem Vergleich der Geburtsorte feststellen kannst:

Begründe, warum Geburtsorte und Wohnorte in deiner Familie unterschiedlich waren oder sind:

Mein Familienstammbaum

Schule damals – Schule heute

Zeitzeugeninterviews eignen sich gut, um mehr über den Alltag der Menschen früher zu erfahren. Für dich ist im Augenblick die Schule besonders wichtig, denn hier verbringst du eine Menge Zeit. Wie aber haben Menschen vor zwanzig, dreißig oder vierzig Jahren Schule erlebt? Was war anders, was war gleich oder ähnlich? Diejenigen, die diese Fragen beantworten können, siehst du jeden Tag: deine Eltern, Großeltern, deine Nachbarn, Lehrerinnen und Lehrer. Vielleicht kennst du sogar ehemalige Schülerinnen und Schüler. Frage sie nach ihren Erfahrungen. Wenn du Interviews machen willst, musst du dir von deinem Schulleiter eine schriftliche Genehmigung mit seiner Unterschrift beschaffen. Diese Erlaubnis musst du den Zeitzeugen zeigen. Frage auch, ob du Videoaufnahmen oder Fotos machen darfst.
Zur Vorbereitung und Durchführung des Projektes „Schule früher" nimm die Arbeitsschritte und die Tipps aus „Geschichte und Geschehen" zur Hilfe.

Thema: Wie war es in unserer Schule vor … Jahren?

Wen kannst du dazu befragen?
Ein Tipp: Frage, ob es in eurer Schule ein Archiv gibt. Vielleicht findest du dort Jubiläumsschriften oder alte Schülerzeitungen.

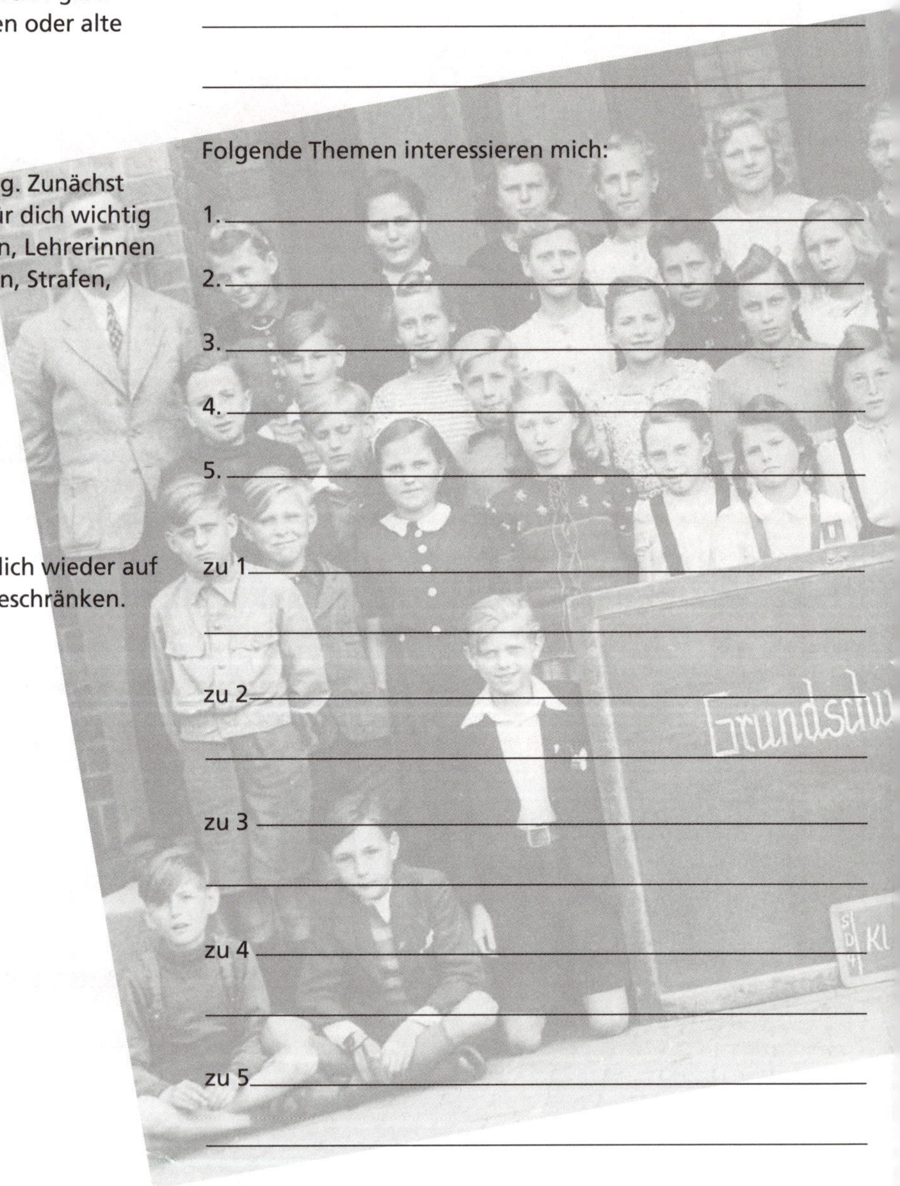

Welche Fragen willst du stellen?
Dieser Teil der Vorbereitung ist sehr wichtig. Zunächst musst du dir überlegen, welche Themen für dich wichtig sind: Unterrichtsfächer früher, Stundenplan, Lehrerinnen und Lehrer, Hausaufgaben, Klassenarbeiten, Strafen, Jungen und Mädchen usw.
Nimm dir nicht zu viel vor, besser wenig, dafür aber gründlich.

Stopp, mehr nicht!

Folgende Themen interessieren mich:

1.
2.
3.
4.
5.

Nun zu den Fragen. Auch hier solltest du dich wieder auf wenige dir wichtig erscheinende Fragen beschränken.
Ich habe mir folgende Fragen ausgedacht:

zu 1

zu 2

zu 3

zu 4

zu 5

Welche Hilfsmittel möchtest du einsetzen?
Prüfe nach, welche Hilfsmittel in deiner Schule vorhanden sind (Videokamera, Fotoapparat, Digitalkamera o. Ä.).
Bevor du technische Geräte einsetzt, probiere sie vorher erst einmal aus.

Wie sollen die Interviews ausgewertet werden?

Nach der Auswertung soll das Ergebnis mit den Vorstellungen, die du vor Beginn der Interviews gehabt hast, verglichen werden. Sind deine Erwartungen erfüllt worden?

Bei diesen Themen sind meine Erwartungen erfüllt worden:

Zu diesen Themen hätte ich mir noch mehr Informationen gewünscht:

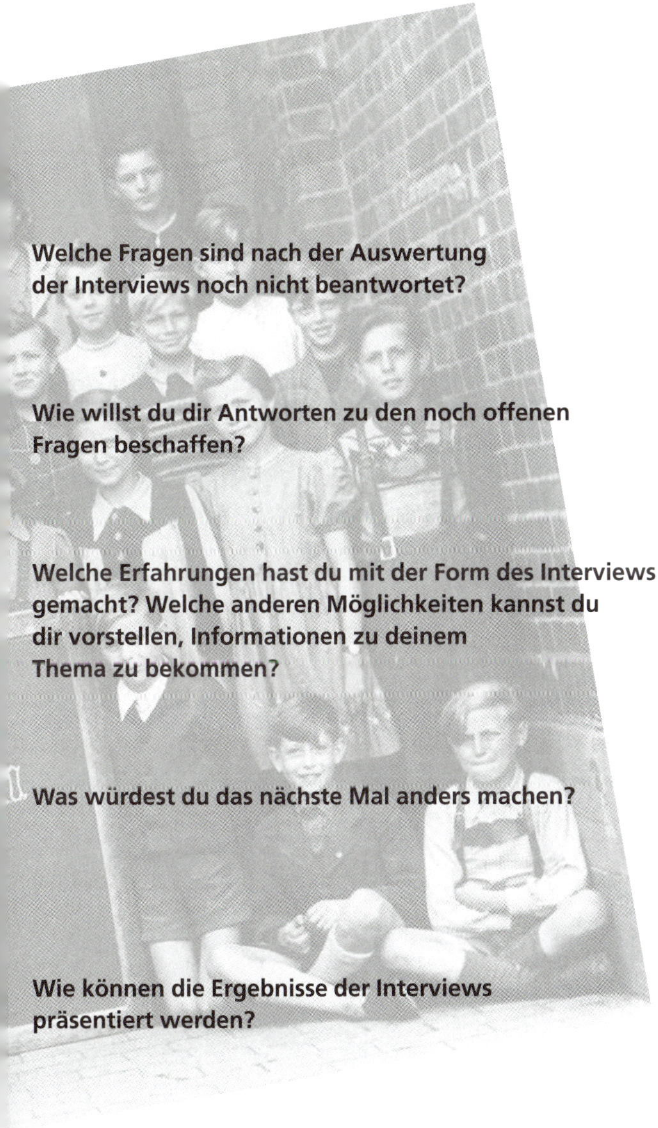

Welche Fragen sind nach der Auswertung der Interviews noch nicht beantwortet?

Wie willst du dir Antworten zu den noch offenen Fragen beschaffen?

Welche Erfahrungen hast du mit der Form des Interviews gemacht? Welche anderen Möglichkeiten kannst du dir vorstellen, Informationen zu deinem Thema zu bekommen?

Was würdest du das nächste Mal anders machen?

Wie können die Ergebnisse der Interviews präsentiert werden?

Ich habe mich für diese Präsentation entschieden:

Kleider „machen" Leute?

Kleidungsstücke bedecken und schützen unseren Körper. Doch ist das alles? Bestimmt hast du den Spruch „Kleider machen Leute" schon gehört. Was er bedeutet, kannst du auf diesen Seiten herausfinden.
Abgebildet sind einige Beispiele von Kleidungsstücken aus unterschiedlichen Zeiten. Betrachte sie genau, lies die Bildlegenden gründlich durch und beantworte dann die Fragen. Halte dich dabei an die Checkliste „Sachquellen untersuchen – Methodische Arbeitsschritte" in deinem Geschichtsbuch.

1 „Ötzi", der Mann aus dem Eis. Im Jahre 1991 fand man in den Alpen im Gletschereis die Leiche eines Mannes, der vor 5400 Jahren gelebt hatte. Er trug einen Mantel, der aus über einem Meter langen Gräsern geflochten war. Seine Schuhe waren aus Leder und Stoff, innen mit Heu gepolstert. Hier eine Rekonstruktion seiner vollständigen Ausstattung.

2 Rekonstruktion der Kleidung einer Germanin, wie sie im 1. Jahrhundert n. Chr. getragen wurde. Die Kleidung bestand aus einem weit fallenden Kleid und einem wärmenden Umhang aus Wollstoffen.

3 Adlige Männer im 17. Jahrhundert trugen mit Schmuck und handgearbeiteten Spitzen reich verzierte Jacken und Hemden. Für eine so genannte „Rheingrafenhose" wurden bis zu 12 Meter Stoff verarbeitet.

	Bild 1	Bild 2	Bild 3
Material			
Zustand			
Alter			
Zweck/Bedeutung			

Kannst du jetzt das Zitat „Kleider machen Leute" erklären? Versuche es:

____

____

Höhlenmalerei der Steinzeit – Kunst und Religion

In Höhlen und Grotten Nordafrikas, Spaniens und Frankreichs hat man Felszeichnungen gefunden, die über 30 000 Jahre alt sind. Sie zeigen uns den großen Tierreichtum dieser Zeit: Mammuts, Riesenhirsche, Wisente, Bären, Rentiere, Wildpferde, Urrinder, Steinböcke und Ziegen.
Die Menschen stellten ihre Farben aus zerriebener Holzkohle oder zermahlenen Kalk- und Eisensteinen sowie Wasser her. Sie malten mit den Fingern, mit Haarbüscheln oder Federn. Besonderen Wert legten sie auf die Umrisse der Tiere, die meist mit starken schwarzen Strichen markiert wurden.
Über die Bedeutung der Bilder sind sich die Wissenschaftler heute noch nicht einig. Sicherlich kam darin eine Art religiöser Verehrung der Tiere, die ja die Lebensgrundlage der Menschen bildeten, zum Ausdruck. Gleichzeitig dürfte die Malerei auch als eine Art Zauber verstanden worden sein, der das Erlegen des Wildes begünstigen sollte.

Dieses Fabelwesen stellt einen Zauberer dar. Welche Körperteile sind einem Tier, welche dem Menschen zuzuordnen? Erkläre, welche Aufgabe der Zauberer übernehmen sollte.

Der Platz unten ist für deine Höhlenmalerei bestimmt. Verwende für deine Zeichnung Pinsel und Wasserfarben oder Kreide. Du kannst aber auch ein Mammut oder Rentier nach der Vorlage aus deinem Geschichtsbuch abzeichnen. Andere interessante Vorlagen liefert dir dieses Arbeitsheft auf der linken Seite.

Wohnen in der Steinzeit

Links siehst du drei Abbildungen von Funden, die Archäologen bei ihren Grabungen gemacht haben, auf der rechten Seite sind drei Rekonstruktionszeichnungen abgebildet:

Abb. 1

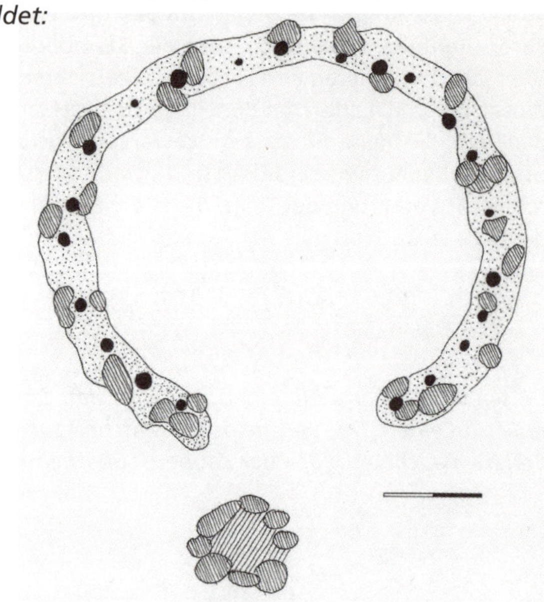

Abb. 2

Abb. 3

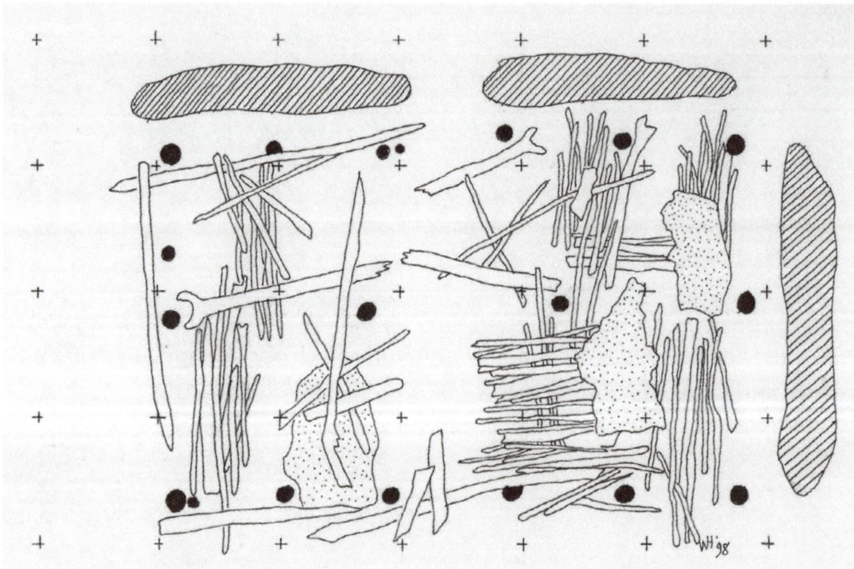

Verbinde die Abbildungen, die zusammengehören, mit Linien.

Liste auf, welche Materialien die Menschen für die drei Behausungen jeweils verwendet haben.

Abb. 4	Abb. 5	Abb. 6

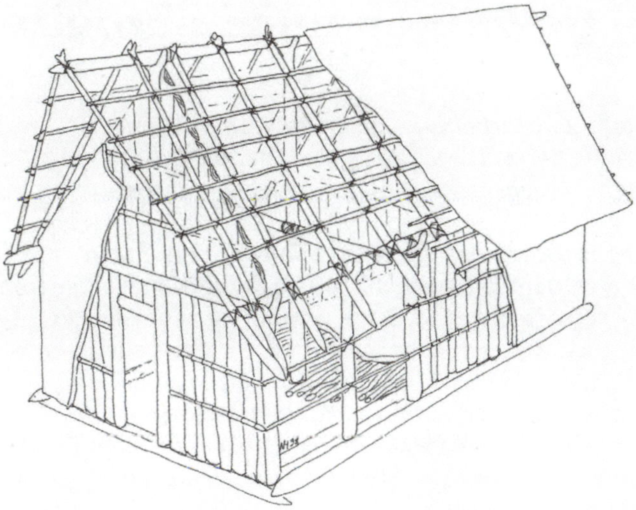

Abb. 4

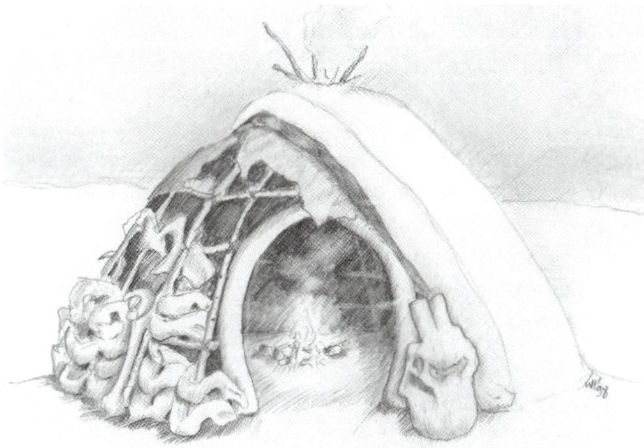

Abb. 5

Abb. 6

Vergleiche jeweils Fund und Rekonstruktion: Welche Überreste haben die Forscher tatsächlich vorgefunden, welche Dinge haben sie auf Grund ihrer Kenntnisse ergänzt?

	Abb. 4	**Abb. 5**	**Abb. 6**
gefunden			
rekonstruiert			

Sprecht in der Klasse darüber, aus welcher Zeit die drei Behausungen stammen könnten und wer wohl darin gewohnt hat.

Metall gewinnen und bearbeiten

Etwa ab 4500 v. Chr. lernten die Menschen allmählich, Metalle zu bearbeiten – zuerst das Kupfer. Daraus konnte man bessere Waffen, Geräte und Schmuckgegenstände herstellen als aus Stein. Aber die Bearbeitung war nicht einfach. Erst musste das Kupfererz aus dem Gestein, in dem es steckte, gewonnen werden, dann musste man es in die richtige Form bringen. Das ging so:
Das erzhaltige Gestein konnte über oder unter der Erde abgebaut werden. So entstanden auch die ersten einfachen Bergwerke. Erst wurde das Gestein mit Feuer erhitzt, dann plötzlich mit Wasser abgekühlt. So bildeten sich Risse. Mit Schlägel und Hacke wurden dann die Felsstücke ganz abgelöst. Dann wurden sie zermalen. So konnte man das Kupfererz vom unbrauchbaren Gestein trennen. Nun kam das Schmelzen. Ein Ofen aus Stein oder Ton wurde unten mit Holzkohle, darüber mit Erz gefüllt. Um das Kupfererz zum Schmelzen zu bringen, waren Temperaturen von über 1000 °C nötig. Um diese Temperaturen erreichen zu können, fachte man das Feuer mit Blasebälgen an. Durch das Schmelzen erhielt man reine Kupferstücke. Für die Herstellung eines Geräts wurde das Kupfer noch einmal geschmolzen und dann in eine Form aus Holz, Stein oder Ton gegossen. Nach dem Abkühlen konnte man dann die Feinarbeiten vornehmen.

Bringe die Bilder mithilfe des Textes in die richtige Reihenfolge. Nummeriere sie und schreibe zu jedem Bild einen passenden Text in Form einer Arbeitsanweisung. Berücksichtige auch Schritte, zu denen es kein Bild gibt, zum Beispiel: „Zuerst musst du so dicht wie möglich am Felsen ein Feuer anmachen. Denk daran … Pass auf, dass …"

Bildnummer

Bildnummer

Bildnummer

Bildnummer

Bildnummer

Diese besonderen Fähigkeiten mussten die Menschen haben, um Metall zu bearbeiten:

Die rätselhaften Uräusschlangen

„Uräus" bedeutet „die sich Aufbäumende". Es ist eine Kobra, die nach dem Glauben der alten Ägypter das Böse vom König fernhält. Man sah in ihr das Auge des Sonnengottes Rê. Der König trägt die Darstellung des Kopfes der Kobra auf der Stirn.

Wer aber versteckt sich hinter den Schlangen? Wenn du die Namen und Begriffe gefunden hast, um die es in den folgenden Fragen geht, musst du die Buchstaben in den auf der Schale markierten Feldern ordnen und in die Kästchen unten auf den Seiten eintragen. Dann erhältst du den Namen eines ägyptischen Pharaos und eines Europäers, der sich sehr für ihn interessierte. Damit du die richtigen Buchstaben für die Lösungswörter erhältst, musst du darauf achten, immer die gleiche Schreibrichtung beizubehalten.

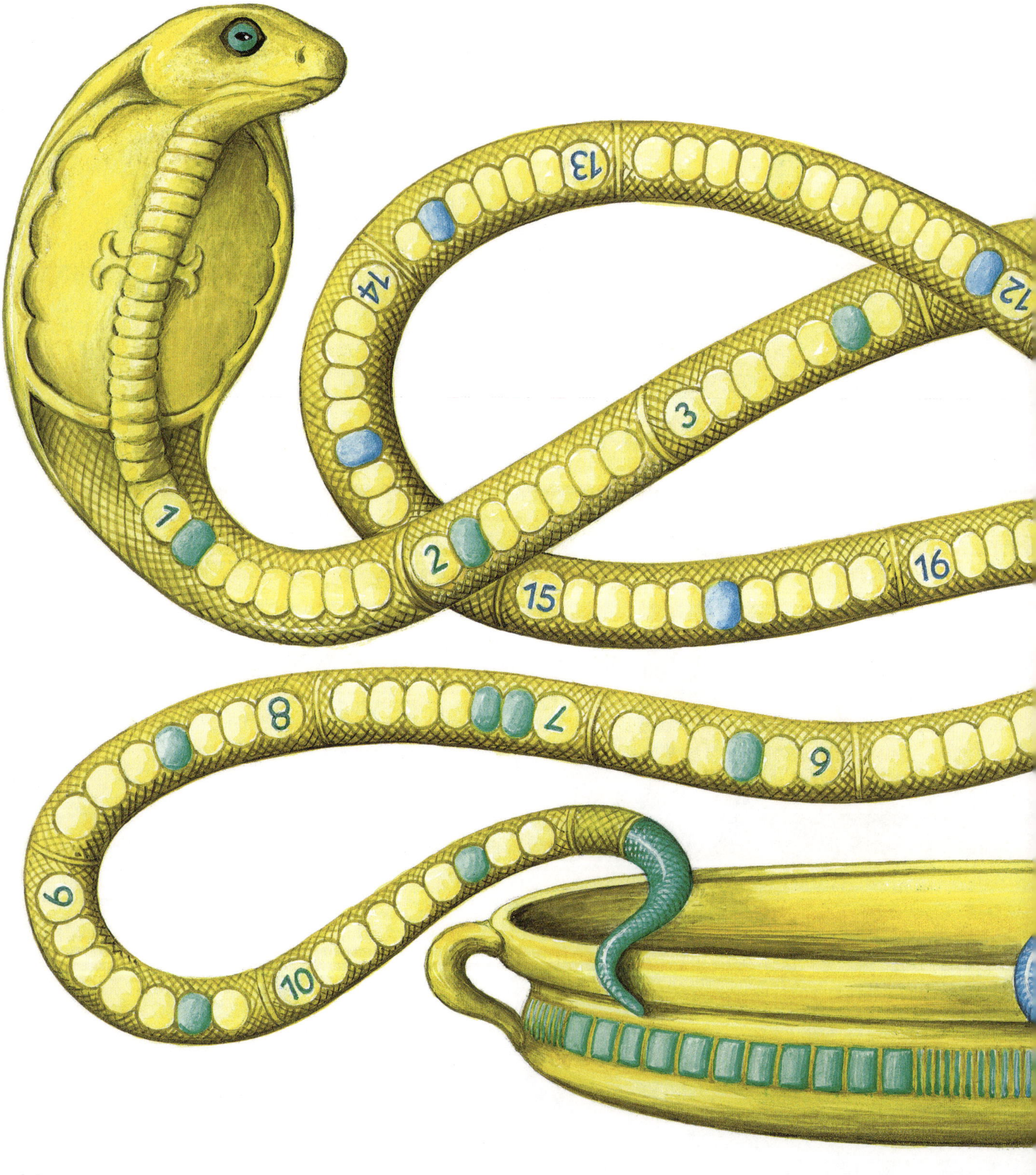

1. *365 Tage in Ägypten sind ein …*
2. *Von hier aus fuhr man über den Nil ins Tal der Könige.*
3. *Er bewacht die Pyramiden, ist aus Stein und es fehlt ihm die Nase.*
4. *Gesucht wird der Name einer alten Hauptstadt der Ägypter in der Nähe der Pyramiden.*
5. *Nach dem Bau des Assuan-Staudamms wären meine Tempel beinahe im Wasser versunken.*
6. *Der Verstorbene wird für die Fahrt ins Jenseits vorbereitet. Sein Körper ist dann eine …*
7. *Die größte Pyramide hat … bauen lassen.*
8. *Die Griechen nannten diesen Herrscher „hohes Haus".*
9. *Wenn er am Horizont aufging, strahlten alle Ägypter.*
10. *Er war einer der bedeutendsten Könige im Neuen Reich.*
11. *Hier stehen drei Weltwunder der Antike.*
12. *Hier müssen sich alle Ägypter nach dem Tod verantworten.*
13. *Im alten Ägypten gab es diesen Ort nicht. Er liegt gegenüber dem Tal der Könige.*
14. *Er war einer der ersten Touristen in Ägypten. Gelebt hat er lange vor Christus und stammte aus Griechenland.*
15. *Er hat eine der drei Pyramiden bauen lassen, es ist aber die kleinste.*
16. *Wenn ein Pharao gestorben war, freuten sich nur die Bewohner dieses Ortes darüber.*
17. *Diese Pflanze wuchs im Nildelta und war für die Verwaltung sehr wichtig.*
18. *In diesem Ort steht ein großer Tempel. Von hier aus kann man heute bis zum Tal der Könige sehen.*
19. *Eine der drei Pyramiden gehört ihm.*
20. *An diesem Ort ließen sich viele Pharaonen bestatten.*
21. *Wenn ein Volk nicht mehr wie Nomaden umherzieht, sondern in festen Häusern lebt, eine Schrift kennt und vieles andere sein eigen nennt, spricht man von einer …*
22. *Für die Ägypter bedeutete diese Landschaft den Tod.*

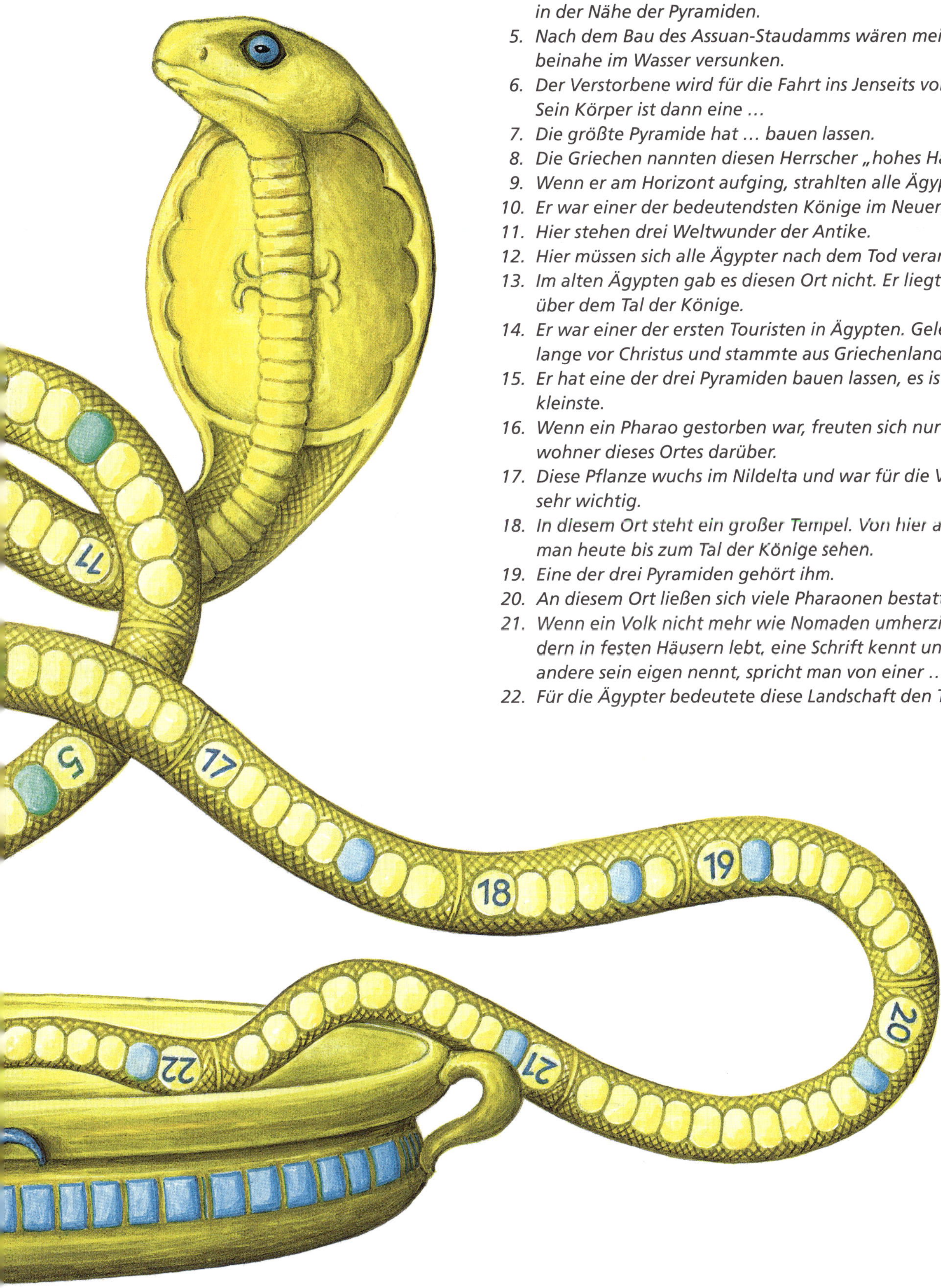

Ein Bild aus einem ägyptischen Grab

Die hier abgebildete Darstellung stammt aus dem Grab eines sehr hohen ägyptischen Beamten. Er hieß Nacht (was aber nichts mit unserem Wort „Nacht" zu tun hat). Von Beruf war Herr Nacht Astronom im Tempel des Amun-Rê von Theben. Astronomen beschäftigen sich mit dem Lauf der Sterne und mit Sternbildern, eine für die Ägypter sehr wichtige Tätigkeit. Herr Nacht war wahrscheinlich zuständig für die Messung der Zeit am Tag und in der Nacht. Am Tag nahm er dafür eine Sonnenuhr, die Stunden in der Nacht maß er mit Wasseruhren.

Das Grab von Herrn Nacht ist ausgemalt wie das vieler Würdenträger. An den langen Gängen des Grabes zeigen Bilder die Produktion von Nahrungsmitteln. Aber die Bilder waren nicht für Besucher gedacht. Kein Mensch bekam sie je zu Gesicht, sie sollten nur dem Verstorbenen dienen. Nach dem Glauben der Ägypter konnte der Verstorbene nach der Prüfung im Totengericht im Jenseits weiterleben. Um die Informationen zu verstehen, die uns die hier abgebildete Darstellung vermitteln kann, solltest du genau nach den Fragen im Kapitel „Ein Bild zum Sprechen bringen" vorgehen.

Beschreibe …

… welche Personen dargestellt sind. Welche Tiere, Pflanzen und Gegenstände kannst du erkennen?

___

___

___

… wie die Personen gekleidet sind? Was halten sie in den Händen?

___

___

___

… was die Personen tun. Erläutere auch, ob du die Darstellung für realistisch hältst.

___

___

___

___

... welche Figuren zusammengehören.

... was im Mittelpunkt des Bildes steht.

Zeichne im Bild mit Bleistift ein, welche Abschnitte du ausmachen kannst. Verdeutliche mit Pfeilen, ob du einen oder mehrere Handlungsabläufe im Bild erkennst.

Erläutere
... für wen das Bild gemalt worden ist. Zu welchem Anlass ist es entstanden?
Was sollte mit dem Bild erreicht werden?

Die mesopotamische Gesellschaft

Mithilfe eines Schaubildes können wir geschichtliche Informationen übersichtlich darstellen. In deinem Geschichtsbuch wurde zum Beispiel der altägyptische Gesellschaftsaufbau in Form einer Pyramide dargestellt. Einige Arbeitsschritte haben es dir erleichtert, die Informationen des Schaubildes zu „lesen". Nun dürfte es dir nicht schwer fallen, ein ähnliches Schaubild für die sumerische Gesellschaft in Mesopotamien zu entwerfen. Nimm dazu die Form des abgebildeten Tempelturms, einer Zikkurrat. Zunächst solltest du aber den Text auf dieser Seite aufmerksam durchlesen. Er enthält viele Informationen über die sumerische Gesellschaft. Auch die Abbildung gibt einen Hinweis.

Relief aus dem Palast von Nimrud, Ausschnitt. London, British Museum. Die Männer arbeiten unter Aufsicht. Sie tragen die für ihren Stand üblichen Perücken.

Die Gesellschaft in der sumerischen Tempelstadt Nippur

In der Hochkultur der Sumerer galt der König, der zugleich auch oberster Priester war, als Bindeglied zwischen Göttern und Menschen. Er vertrat das Volk vor den Göttern; durch ihn erhielt der König Anweisungen, um die Angelegenheiten der Menschen zu regeln.

Nippur war die Stadt Enlils, des Gottes des Windes. Die Bewohner Nippurs sahen in ihm ihren Schutzgott. Alles Land, Äcker, Herden und Gewässer waren Besitz des Gottes und damit des Tempels. Die Priester wurden Herren der Stadt. Sie leiteten die Verwaltung, wofür sie angesehene Beamte einsetzten. Im Auftrag der Priesterschaft hatten die Bewohner Nippurs größere Bewässerungsanlagen gebaut. Kaufleute zogen auf Befehl der Priester mit ihren Karawanen über Hunderte von Kilometern, um Metalle, Steine und Holz für den Bau der Tempel herbeizuholen. Zudem gab es in Nippur auch Bauern und Fischer, Metallhandwerker, Weber und Zimmerleute, die unter der Führung der Priester arbeiteten.

Eine gut funktionierende Tempelverwaltung, reiche Erträge in der Landwirtschaft infolge des Ausbaus der Bewässerungsanlagen sowie ein intensiver Handel zwischen den Städten im Zweistromland führten zu einer weiteren Spezialisierung: Maurer, Zimmerleute, Schmiede und Steinmetze, Weber, Fleischer, Brauer und Bäcker, Juweliere und Friseure sowie Gärtner wurden zu anerkannten Berufen.

(nach Geschichte mit Pfiff 3/1990, S. 15 ff.)

Mein Schaubild

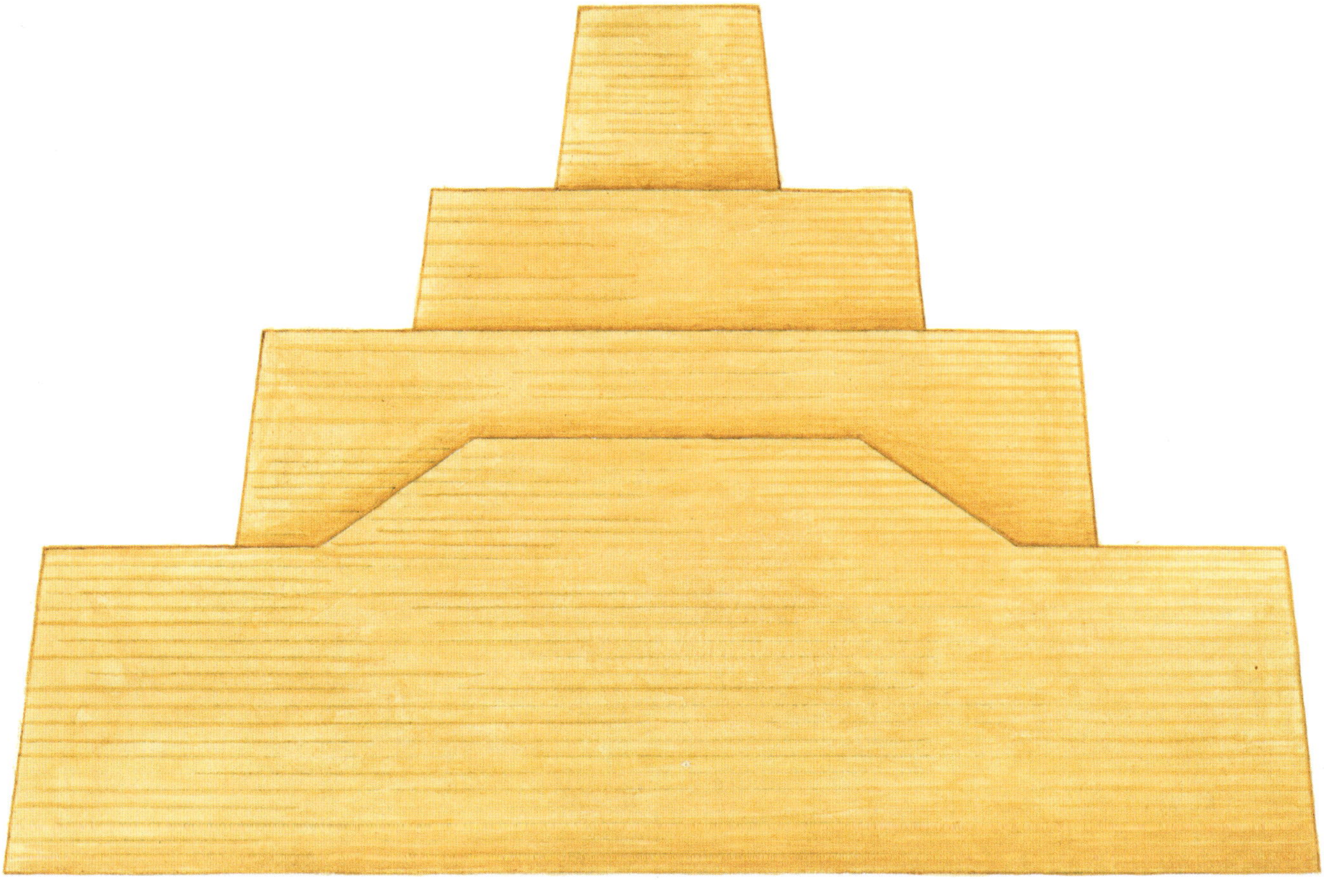

Dieser mehrstufige Turm, eine Zikkurrat, war ein aus Ziegeln gebauter Tempel.
Die berühmteste Zikkurrat war der ca. 90 m hohe Turm zu Babel, eines der sieben Weltwunder.

Entwirf das Schaubild mithilfe der methodischen Arbeitsschritte im Kapitel „Der Pharao – Gott und König“ in deinem Schulbuch: Verteile zuerst die einzelnen Gruppen auf die Stufen des Schaubildes: Wer steht ganz oben, wer tiefer, wer unten, welche Personen oder Berufe bilden eine eigene Gruppe? Über diese Sache solltet ihr in eurer Klasse ausführlich diskutieren. Wenn ihr euch einig seid, überlegt, welche Gruppen ihr mit Farben voneinander trennen wollt. Solltet ihr Verbindungen zwischen den Gruppen entdecken, könnt ihr mit Pfeilen arbeiten.

Zum Schluss sprecht darüber, welche Gemeinsamkeiten oder Unterschiede zwischen der ägyptischen und der mesopotamischen Gesellschaft bestehen.

Das große Israel-Rätsel

In diesem Silbenrätsel sind 14 Begriffe versteckt, die du herausfinden musst!

a – an – ba – bat – bra – by – den – dus – e – ham – is – jah – je – jo – ka – lem – lis – lo – lon – ma – mo – mo – mo – me – mus – na – no – no – no – phi – ra – ru – sa – sa – sab – se – seph – the – ter – we – xo

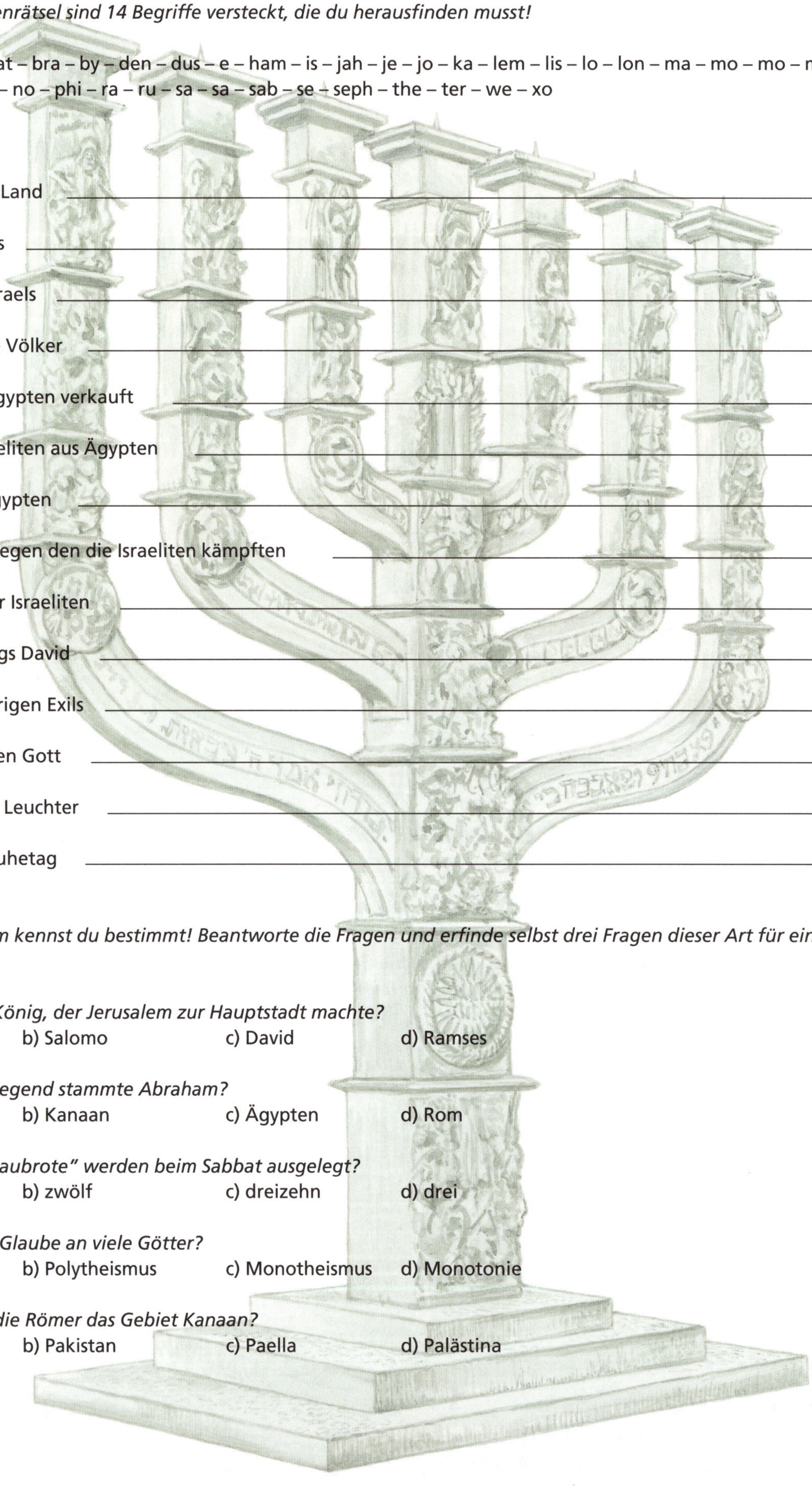

das „gelobte" Land ______________________

der Gott Israels ______________________

Stammvater Israels ______________________

nicht sesshafte Völker ______________________

wurde nach Ägypten verkauft ______________________

führte die Israeliten aus Ägypten ______________________

Auszug aus Ägypten ______________________

Volksstamm, gegen den die Israeliten kämpften ______________________

Hauptstadt der Israeliten ______________________

Sohn des Königs David ______________________

Ort des 50-jährigen Exils ______________________

Glaube an einen Gott ______________________

siebenarmiger Leuchter ______________________

der jüdische Ruhetag ______________________

Diese Quizform kennst du bestimmt! Beantworte die Fragen und erfinde selbst drei Fragen dieser Art für ein Quiz in der Klasse.

Wie hieß der König, der Jerusalem zur Hauptstadt machte?
a) Daniel b) Salomo c) David d) Ramses

Aus welcher Gegend stammte Abraham?
a) Ur/Babylon b) Kanaan c) Ägypten d) Rom

Wie viele „Schaubrote" werden beim Sabbat ausgelegt?
a) sieben b) zwölf c) dreizehn d) drei

Wie heißt der Glaube an viele Götter?
a) Polyester b) Polytheismus c) Monotheismus d) Monotonie

Wie nannten die Römer das Gebiet Kanaan?
a) Persien b) Pakistan c) Paella d) Palästina

Spiele der Griechen

Die Menschen in Griechenland haben genauso gerne gespielt wie wir heute, wahrscheinlich sogar viel häufiger als wir, weil es im alten Griechenland weniger Ablenkungsmöglichkeiten wie Radio, Fernsehen oder Computer gab. Die Spiele der Kinder unterschieden sich kaum von denen, die ihr vielleicht kennt. Wenn ihr Lust habt, dann setzt euch zusammen und spielt wie die Kinder in Athen, Korinth oder Sparta.

Das Delta-Spiel
2 und mehr Spieler können dieses Spiel zusammen spielen.
Auf einen glatten Boden wird ein großes spitzwinkeliges Dreieck (Breite 2 m, Höhe 2 m) mit Kreide gezeichnet. Das Dreieck sieht aus wie der griechische Buchstabe Delta. Mit waagerechten Strichen wird das Dreieck in zehn Felder eingeteilt. Alle Felder haben Zahlen. Das Feld in der Spitze bekommt die Zahl X (10), das unterste die Zahl I (1). Die Spieler werfen von einer Linie (Entfernung ca. 2 bis 3 m) Walnüsse in das Feld. Jeder Spieler hat 5 Nüsse, es wird reihum geworfen. Die Punkte werden aufgeschrieben und zusammengezählt. Das Spiel kann über mehrere Runden gespielt werden. Wer die meisten Punkte hat, ist Sieger.

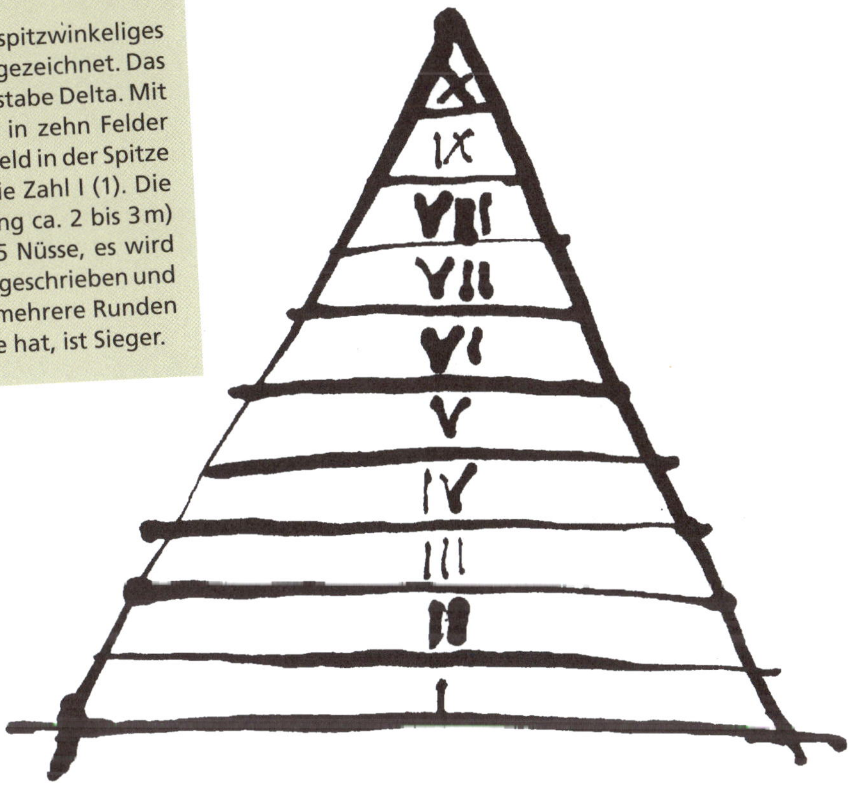

Loculus Archimedius (Archimedisches Kästchen): Ein Geduldsspiel
Der Locus Archimedius ist ein altes Geduldsspiel, ähnlich einem Puzzle oder dem chinesischen Tangram. Das Spiel hat 14 geometrische Figuren, wie du es in der Zeichnung sehen kannst. Durch verschiedenes Zusammensetzen der einzelnen Figuren kannst du unterschiedliche Figuren bilden, die mal Tieren oder anderen Dingen ähneln. Aufgabe ist aber auch, die 14 Teile wieder zu einem vollständigen Quadrat zusammenzusetzen.

Helden – fast wie Götter verehrt

Einige bekannte griechische Helden zeigen dir die folgenden Vasenbilder. Jedes Bild erzählt von einem bestimmten Ereignis aus dem Leben des Helden. Um Genaueres über sie zu erfahren, musst du die auf diesen Seiten abgedruckten Texte lesen. Dann ordne sie den Bildern zu:

1 Schwarzfigurige Amphora, um 540 v. Chr.

Paris, Bibliothèque Nationale

Schwarzfigurige Vase, um 55 v. Chr.

Paris, Louvre

( ) Achilleus

Er war der Sohn des Königs Peleus und der Meeresgöttin Thetis und galt als der größte und stärkste aller griechischen Helden, die vor Troja kämpften. Dadurch, dass ihn seine Mutter im Styx, dem Fluss der Unterwelt, gebadet hatte, war er unverwundbar, nur nicht an der Ferse, wo sie ihn festgehalten hatte, als sie ihn ins Wasser tauchte. Vor Troja tötete Achilleus den trojanischen Königssohn Hektor und auch Penthesilea, die Königin der Amazonen, die den Trojanern zur Hilfe kommen wollte – obwohl sie ihn um Gnade bat. Er selbst fiel schließlich durch eine Wunde, die ihm der Trojaner Paris an der Ferse beibrachte.

( ) Theseus

Er war der Sohn des Meeresgottes Poseidon und ein Schützling der kriegerischen Göttin Athene. Durch sie erhielt er von der Meeresgöttin Amphitrite einen schützenden Kranz, bevor er gegen den Minotaurus, das Ungeheuer von Kreta, zog. Später wurde er der gefeierte König von Athen.

Nachdem du die Texte genau gelesen hast, versuche zu bestimmen, über welche Eigenschaften oder Merkmale ein griechischer „Held" verfügen musste.

____

____

____

____

3 Innenbild einer attischen Schale, um 470 v. Chr.
München, Staatliche Antikensammlungen

4 Inneres einer rotfigurigen Schale, um 500 v. Chr.
Paris, Louvre

Foto aufgenommen vor 1947

( ) Herakles
Er war der Sohn des Zeus und der thebanischen Königstochter Alkmene. Hera, die Gattin des Zeus, hasste ihn. Sie sorgte dafür, dass er zwölf gefährliche Proben zu bestehen hatte, die er durch seine gewaltige Kraft meisterte. So besiegte er den schrecklichen Nemeischen Löwen, dessen Fell er fortan trug, und mit seinem unfehlbaren Bogen bekämpfte er das dreiköpfige Ungeheuer Geryoneus, dessen Rinderherde er entführte. Am Ende aber starb er einen grausigen Tod. Doch weil er sich standhaft im Leid gezeigt hatte, holten die Götter ihn in den Olymp. Er galt den Griechen als der größte Held.

( ) Ödipus
Er war der Sohn des Königspaares von Theben. Doch setzten ihn die Eltern sofort nach der Geburt aus, denn das Orakel hatte ihnen geweissagt, ihr Sohn werde seinen Vater töten und die Mutter heiraten. Aber Ödipus wurde gerettet und wuchs in der Fremde auf. Von der Weissagung wusste er nichts. So reiste er eines Tages nichts ahnend nach Theben. Auf dem Weg dorthin geriet er in Streit mit einem vorbeikommenden Wagen und tötete die Insassen. In Theben angekommen, erfuhr er, dass die Stadt von einem geflügelten Ungeheuer, der Sphinx – halb Mensch, halb Tier –, bedroht wurde. Ödipus bezwang die Sphinx, woraufhin die Thebaner ihn zu ihrem neuen König machten, weil der alte König kurz zuvor auf einer Reise von einem Unbekannten getötet worden war. Ödipus heiratete die Königswitwe. Bald aber stellte sich heraus, dass er der unbekannte Königsmörder gewesen war und seine leibliche Mutter geheiratet hatte. Aus Verzweiflung blendete er sich und verließ die Stadt.

Überlege, ob der Begriff „Held" oder „Heldin" dir noch zeitgemäß erscheint. Wer wäre demnach für dich heute ein Held oder eine Heldin?

Die sportlichen Leidenschaften der Griechen

Schon Homer, der älteste Dichter Europas, bezeugt die Spielleidenschaft seiner griechischen Landsleute. In seiner Erzählung über die Irrfahrten des Odysseus wird dieser in die Stadt der Phäaken verschlagen. Deren König Alkinoos veranstaltet zu Ehren des fremden Besuchers Wettspiele, die von jungen Männern aus phäakischen Adelsfamilien ausgetragen werden. Das beschreibt Homer so:

Vorbereitung zum Wettkampf, Rotfigurige Malerei auf einem Krug (35 cm hoch), um 510 v. Chr.

Als Erstes versuchten sie sich im Wettlauf. Von einer Schwelle stießen sie sich ab und eilten geschwind über die Ebene. Klytoneus war bei weitem der Beste. Andere versuchten darauf ihre Kräfte im Ringkampf. Darin übertraf Euryalos von allen die Besten. Amphialos war der Beste von allen im Weitsprung. Mit dem Diskus war bei weitem der Beste Elatreus, doch mit der Faust Laodamas, des Alkinoos Sohn. „Fremder", sagte da Euryalos zu Odysseus, „du kennst dich wohl nicht in den Spielen des Wettkampfs aus." „Doch", antwortete Odysseus, „ganz schlecht bin ich in keinem Wettkampf. Ich verstehe es gut, mit dem Bogen zu treffen, und werfe den Speer weiter, als jemand einen Pfeil schießt." Aber Alkinoos gab das Zeichen zur Fortsetzung der Kämpfe und rief: „Auf jetzt, die ihr die besten Tänzer der Phäaken seid, tanzt, damit der Fremde hier zu Hause berichte, wie weit wir die anderen alle übertreffen im Gesang und im Tanz, im Wettlauf und in der Seefahrt." Da erhoben sich die neun vom Volke gewählten Leiter der Spiele, die stets beim Wettkampf für Ordnung sorgten, und ebneten den Platz für die Tänze. Halios und Laodamas, die Söhne des Alkinoos, tanzten und nahmen dabei einen schönen purpurnen Ball zur Hand. Und während ihn der eine hinauf zu den Wolken warf, fing ihn der andere auf, eh er den Boden berührte. So tanzten sie in wechselnden Schritten und die anderen jungen Männer klatschten alle. „Wahrlich", sprach da Odysseus zu Alkinoos, „du hast die besten Tänzer. Mit Staunen erfüllt mich ihr Anblick."

(Zitiert nach: Homer, Odyssee 8, 119 ff.)

Lies noch einmal das Kapitel „Spiele für die Götter", bevor du die folgenden Fragen beantwortest.
Welche Wettkämpfe, von denen Homer hier berichtet, wurden auch bei den gesamtgriechischen Spielen ausgetragen?

Welche davon werden auch bei heutigen Olympischen Spielen ausgetragen?

Ratschläge für ein erfolgreiches Leben

Bei dem Dichter Hesiod fanden die einfachen Leute Ratschläge, wie man tüchtig und erfolgreich leben konnte.
Manche von seinen Ratschlägen finden wir noch heute in deutschen Sprichwörtern wieder. Überzeuge dich selbst:

Ratschläge Hesiods:

1 Vor den Erfolg haben die ewigen Götter den Schweiß gesetzt.

2 Lang und steil ist der Pfad zum Erfolg und schwer zu gehen am Anfang.

3 Regst du dich nämlich, beneidet dich bald der Faule, weil du reich bist.

4 Geraubte Güter sind kein Segen, allzu leicht stürzen die Götter den Räuber und kurz nur bleibt ihm der Wohlstand.

5 Gib dem, der dir gibt, und gib dem nicht, der dir nicht gibt.

6 Nichts verschiebe auf morgen oder übermorgen, nur wer nicht alles verschiebt, füllt seine Scheune.

7 Arbeit am frühen Morgen bringt dein Werk voran.

8 Achte auf den richtigen Zeitpunkt. Die richtige Zeit ist in allem das Beste.

9 Sagst du Schlimmes, bekommst du bald Schlimmes zu hören.

Deutsche Sprichwörter:

a Aller Anfang ist schwer. (C)

b Wie du mir, so ich dir. (F)

c Ohne Schweiß kein Preis. (S)

d Sich regen bringt Segen. (H)

e Unrechtes Gut gedeihet nicht. (A)

f Alles zu seiner Zeit. (R)

g Wie du in den Wald hineinrufst, so schallt es heraus. (T)

h Verschiebe nicht auf morgen, was du heute kannst besorgen. (H)

i Morgenstund hat Gold im Mund. (I)

Ordne jedes deutsche Sprichwort einem passenden Ratschlag Hesiods zu und nummeriere es entsprechend. Hast du richtig zugeordnet, dann ergeben die eingeklammerten Buchstaben von 1 bis 9 den Beruf, den Hesiod ausübte, bevor er Dichter wurde.

1	2	3	4	5	6	7	8	9

Meinst du, dass der eine oder andere Ratschlag Hesiods immer noch nützlich ist? Begründe deine Entscheidung.

Kennst du dich aus in der Welt der Griechen?

Suche zu den folgenden geografischen oder historischen Namen die Lage in der Karte. Schreibe jeweils den Buchstaben, der dort steht, in das Kästchen des Lösungssatzes mit der Nummer des Namens.

1 Athen
2 Ionisches Meer
3 Ägäisches Meer
4 Santorin
5 Messenien
6 Salamis
7 Attika
8 Thermopylen
9 Marathon
10 Piräus
11 Milet
12 Olymp
13 Troja
14 Olympia
15 Sparta
16 Delphi
17 Lakonien
18 Peloponnes
19 Delos

1	2	3	4	5	6	7	8	9	10	11	12	13	14	15	16	17	18	19

Ein Bürger Milets will an den Olympischen Spielen teilnehmen.

- *Beschreibe seine möglichen Reiserouten und trage sie in die Karte ein, berücksichtige dabei die landschaftlichen Gegebenheiten (z. B. Gebirgszüge, Flüsse).*

- *Welche Streckenlängen (in km) müsste er jeweils zurücklegen?*

___

___

___

- *Wie lange hätte er gebraucht, wenn er mit einem Schiff (Tagesstrecke 120 km) oder einem Pferdefuhrwerk (Tagesleistung 100 km) unterwegs gewesen wäre?*

___

___

___

___

___

___

Eine griechische Siedlung in Italien?

Stadtplan von Metapontion, einer griechischen Kolonie im Golf von Tarent (Süditalien)

1 religiöser Bereich mit Tempeln
2 Versammlungsplatz der Bürger (Agora), Markt, Theater
3 Wohnbereich, Straßen
4 Bereiche für Handel und Handwerk
5 äußere Befestigungsanlage

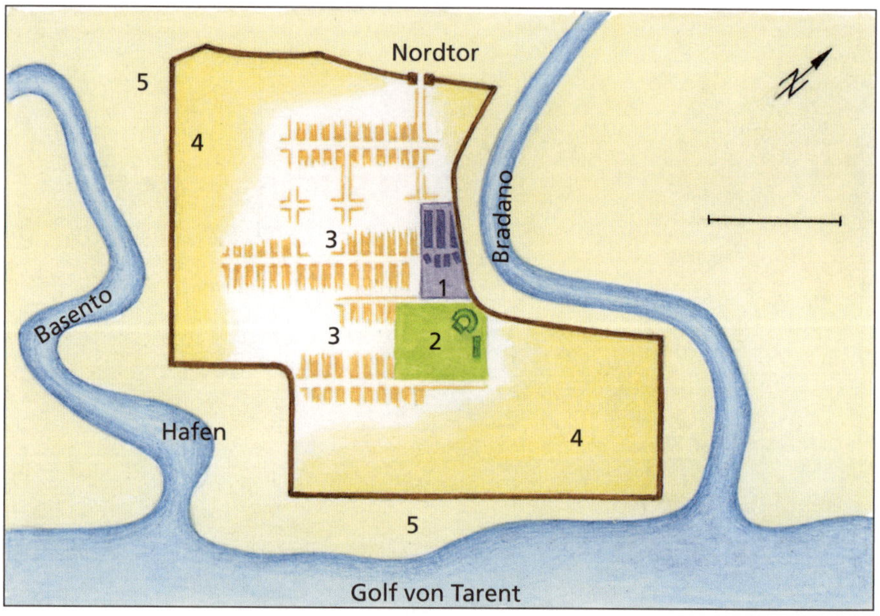

Die Umgebung von Metapontion: Zur Stadt Metapontion, die hier nur noch ganz klein zu sehen ist, gehörten die Grundstücke der Stadtbewohner in der Umgebung, auf denen Landwirtschaft betrieben wurde.

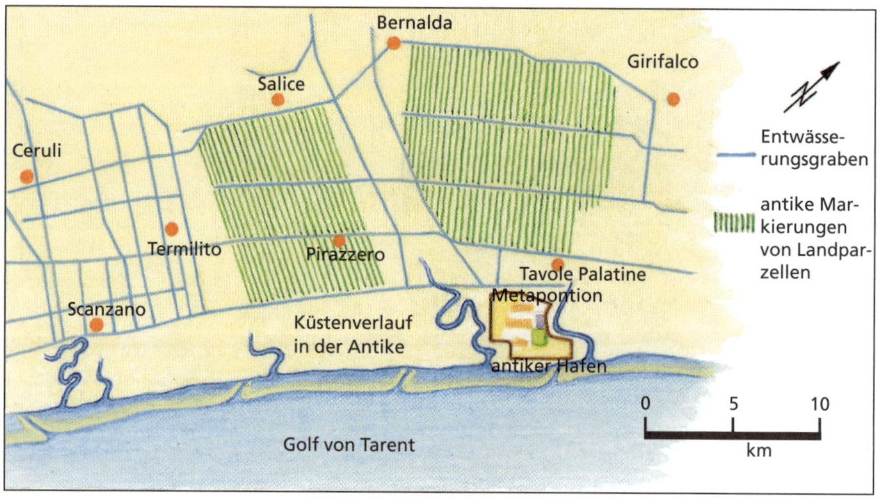

Vergleiche den Stadtplan von Metapontion mit dem Stadtplan von Poseidonia, der in deinem Geschichtsbuch im Kapitel „Wie entstand die griechische Staatenwelt?" abgebildet ist. Erläutere dann, ob Metapontion eine typische griechische Kolonialstadt war.

____

____

____

____

Beschreibe anhand der Umgebungskarte, was insgesamt zu einer Kolonie gehörte.

____

____

____

____

Zusammen leben in der Polis

Die Abbildung zeigt das Löwentor des Palastes von Mykene im heutigen, restaurierten Zustand. Zur Zeit Homers jedoch, im 8. Jahrhundert v. Chr., war der Palast ein Trümmerhaufen. Wegen der gewaltigen Gesteinsbrocken, die sie vorfanden, meinten die Griechen, Riesen – so genannte Kyklopen – hätten die Paläste auf den Bergen erbaut.

Darüber, wie sich die Griechen das Leben der Kyklopen vorstellten, gibt die „Odyssee“ von Homer Auskunft. Dort heißt es:

Wir kamen zum Land der übergewaltigen Kyklopen [...]. Sie haben weder Rat pflegende Versammlungen noch Gesetze, die für alle gelten. Sie wohnen in Höhlen auf hohen Bergen, und jeder trifft seine eigenen Regeln für sich, seine Kinder und seine Frauen, und sie kümmern sich nicht umeinander.

(Zitiert nach: Homer: Odyssee 9, 106 ff.)

Historiker haben sich gefragt, warum Homer den Kyklopen gerade diese Eigenschaften zuschreibt. Sie haben herausgefunden, dass es genau die gegenteiligen Eigenschaften sind, die für das Leben der Griechen in den Poleis (Stadtstaaten) typisch waren.

Nun zu deiner Aufgabe: Schreibe einen Bericht über das Leben der Griechen in den Poleis zur Zeit Homers. Verwende darin Begriffe, die sich auf die Darstellung des Lebens von Kyklopen beziehen:

Die Griechen zur Zeit Homers lebten ______________________

Solon rüttelt die Athener auf

Wenn du eine Textquelle untersuchst, um etwas über die Vergangenheit zu erfahren, solltest du eine Checkliste benutzen. Wie das aussehen kann, steht in deinem Geschichtsbuch. An dem hier vorgestellten Textbeispiel des Atheners Solon, über den du im Kapitel „Athen auf dem Weg zur Polisgemeinschaft" nachlesen solltest, kannst du die Methode noch einmal anwenden und üben. Gehe bei der Bearbeitung des Gedichtes Punkt für Punkt vor. Wie das geht, siehst du jetzt am ersten Teil. Es heißt dort:

Unsere Stadt wird niemals zugrunde gehen, wenn es
nach dem Willen von Zeus und der anderen Unsterblichen geht.
Derart gewaltig hält die Tochter des mächtigen Vaters,
die Göttin Athene, zum Schutz kraftvoll darüber die Hand.
Aber die Einwohner selbst sind dabei, aus Torheit die große
Stadt zu vernichten – sie treibt hässliche Gier nach Gewinn.
Hinzu kommt das unrechte Handeln der Führer des Volkes,
denen für ihre Gewalttaten mancherlei Kummer noch droht.
Denn sie verstehen es nicht, den Übermut streng zu zügeln,
und bei gemütlichem Essen still zu genießen ihr Glück.
Sie sind nur deshalb reich, weil sie oft Unrecht getan haben.
Sie schonen nicht Tempelbesitz, auch nicht die Güter der Polis.
Sie rauben, ein jeder aus anderem Quell, ihr Vermögen zusammen;
heilige Grundsätze der Göttin des Rechts beachten sie nicht.
Diese, wenn auch schweigend, sieht sich an, was immer geschah und geschieht,
und sie erscheint zu gegebener Zeit strafend und rächend.

Eine Auswertung kann diese Ergebnisse bringen:

1. Worum es geht

Offenbar geht es darum, was in „unserer Stadt" – gemeint ist sicher Athen – im Moment alles schief läuft und wer daran schuld ist.
Es treten auf: Zeus und die anderen Götter, unter ihnen besonders Athene (Verse 2–4), ferner die Einwohner Athens und besonders die „Führer des Volkes" (Vers 7).

2. Einige Begriffsklärungen

Torheit (Vers 5): Dummheit; Kummer (Vers 8) bedeutet hier wohl so etwas wie „böse Folgen".

3. Die Sinnabschnitte

Vers 1–4: Die Götter meinen es eigentlich gut mit Athen.
Vers 5–6: Die Bewohner selbst sind schuld am Unglück.
Vers 6–14: Aus Gewinnsucht begehen sie und ihre Anführer (Adlige?) Gewalttaten und Unrecht.
Vers 14–16: Die Göttin des Rechts beobachtet alles.

4. Eine eigene Zusammenfassung

Solon behauptet, dass ______________________________

____

5. Der Autor und sein Publikum

Der athenische Adlige und Gesetzgeber Solon wollte mit seinem Gedicht alle Athener ansprechen („unsere Stadt"). Offenbar war ihm nicht gleichgültig, wie es Athen erging, und er wollte etwas ändern. Dazu musste er aber erst einmal die Verantwortlichen benennen.

6. Die Zeitverhältnisse

Solon schrieb über seine unmittelbare Gegenwart, als Augenzeuge und Mitwirkender des Geschehens. Seine Aussagen etwa über den Raub von Eigentum der Götter, der Polis und der Mitbürger durch die Adligen (Vers 12–13) sind deshalb glaubwürdig, zumal sie zu dem passen, was wir sonst über diese Zeit wissen (aufwendiger Lebensstil der Adligen).

7. Das Vorgehen des Autors

Solon wollte seine Mitbürger wachrütteln und brachte deshalb seine Wertungen sehr deutlich zum Ausdruck. Zugleich ist er aber nicht einseitig, denn niemand wird von den Vorwürfen ausgenommen.
Er ruft auch nicht zum Widerstand gegen eine Gruppe oder gar zum Aufstand auf.

Schwarzfigurige Vase aus Athen mit dem Bild der Athena mit Schild und Speer, 5. Jahrhundert v. Chr.

Den Rest des Gedichtes kannst du jetzt ebenso erarbeiten:

Unvermeidlich befällt ein Geschwür die ganze Gemeinde:
Sie gerät in den Sumpf bitterer Knechtschaft sogleich.
Knechtschaft jedoch schürt Streit und Kampf im Kreise der Bürger;
daraus erwächst dem Heer blühender Männer der Tod.
Denn von den Feinden wird die liebliche Stadt durch geheime,
bei Übeltätern geschätzte Bünde schnell unterhöhlt und geschwächt.
Solch ein schmachvolles Übel herrscht in der Heimat; die Armen
aber, in riesiger Zahl, werden ins Ausland verkauft,
zahlungsunfähige Schuldner, in schimpfliche Fesseln geschlagen.
So erreicht das Unglück des Staates jede Behausung.
[...]
Nachdrücklich will die Athener ich lehren: Gesetzesmissachtung
bringt nur bitterste Not über das Volk in der Stadt.
Feste Gesetzlichkeit aber schafft gehörige Ordnung in allem,
schlägt in Fesseln sehr schnell alle Verletzer des Rechts [...]

(Zitiert und bearbeitet nach: Solon, Fragment 3 D. In: Griechische Lyrik. Übertragen und herausgegeben von Dietrich Ebener, Berlin/Weimar: Aufbau-Verlag 1980, 2. Auflage, S. 74)

Worum es geht

Einige Begriffserklärungen

Die Sinnabschnitte

Eine eigene Zusammenfassung

Wir machen Theater – Ein Projekt

Aus deinem Geschichtsbuch hast du erfahren, dass im griechischen Theater alle Rollen von Männern gespielt wurden.
Die Schauspieler trugen lange Gewänder, Schuhe mit dicken Sohlen und vor dem Gesicht Masken, welche die Eigenart der gespielten Person deutlich machen sollten.

Du kannst selbst eine solche Theatermaske aus Pappe herstellen (s. Bild). Dazu brauchst du stabilen, aber biegsamen Karton. Schneide ein passendes Stück heraus (es muss das Gesicht bis zu den Ohren umschließen), mache Löcher für Augen, Nase und Mund und klebe eine Abdeckung aus Papier für die Nase auf. Male die Maske farbig an, aber nicht mit grellen Farben. Mund und Augen müssen betont werden. Als Haare kannst du Wollfäden oder farbige Papierstreifen aufkleben. Bohre oben rechts und links außen ein Loch und befestige Gummibänder so daran, dass die Maske am Kopf sitzt und nicht verrutscht. Wie die Maske aussehen soll in Farbe und Gesichtsausdruck, hängt natürlich von der gespielten Rolle ab.

1. *Wähle dir eine der folgenden Rolle aus und versuche dich in sie hineinzuversetzen. Was wird die Person wohl sagen? In welcher Stimmung wird sie sein? Mit welchen Bewegungen wird sie ihre Gedanken und Gefühle wohl zum Ausdruck bringen? (Natürlich dürfen bei euch auch Mädchen Männerrollen spielen und umgekehrt.)*
2. *Schreibe auf, was du in der gewählten Rolle sagen willst. Du kannst dir auch deine Rede überlegen und sie dann auf Kassette aufnehmen.*
3. *Bastele nun die Maske.*
4. *Spiele deinen Mitschülern die Szene, die du dir ausgedacht hast, vor, und trage dabei deine Maske. Achte darauf, dass Text, Bewegungen und Maske zusammenpassen.*

Vielleicht könnt ihr aus den eingeübten Szenen auch eine kleine Theaterveranstaltung gestalten? Lange weiße oder farbige Gewänder lassen sich aus Betttüchern rasch zusammenstecken. Ein aufwändiges Bühnenbild braucht ihr nicht; es genügt, einen passenden Hintergrund auf Papierbahnen zu malen und diese etwa auf Stellwände zu heften. Malt auch Werbeplakate oder gestaltet ein kleines Programmheft, in dem die Stücke kurz beschrieben werden. Ihr könnt den Besuchern darin auch etwas über das griechische Theater berichten.

Hier die Rollenvorschläge:

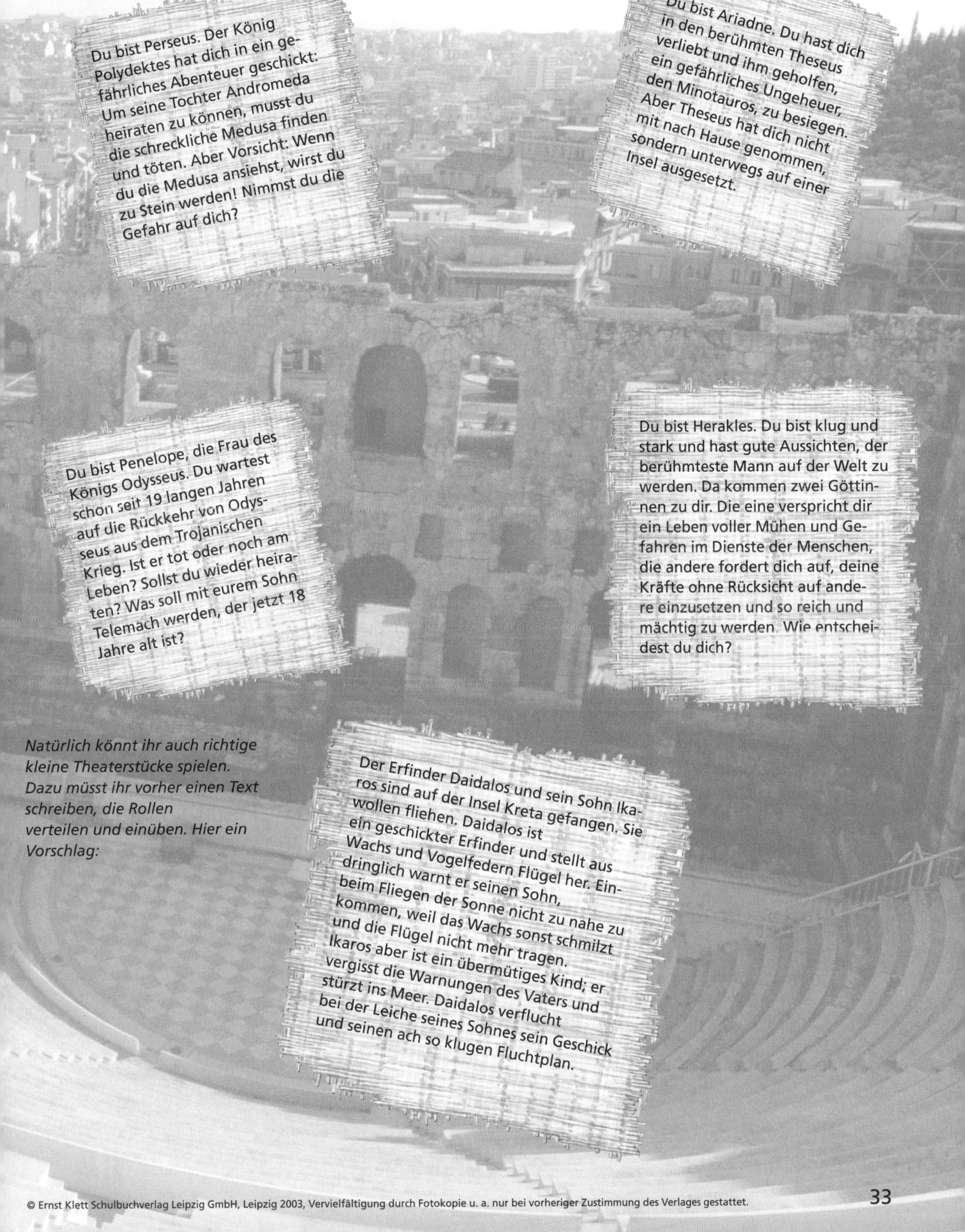

Du bist Perseus. Der König Polydektes hat dich in ein gefährliches Abenteuer geschickt: Um seine Tochter Andromeda heiraten zu können, musst du die schreckliche Medusa finden und töten. Aber Vorsicht: Wenn du die Medusa ansiehst, wirst du zu Stein werden! Nimmst du die Gefahr auf dich?

Du bist Ariadne. Du hast dich in den berühmten Theseus verliebt und ihm geholfen, ein gefährliches Ungeheuer, den Minotauros, zu besiegen. Aber Theseus hat dich nicht mit nach Hause genommen, sondern unterwegs auf einer Insel ausgesetzt.

Du bist Penelope, die Frau des Königs Odysseus. Du wartest schon seit 19 langen Jahren auf die Rückkehr von Odysseus aus dem Trojanischen Krieg. Ist er tot oder noch am Leben? Sollst du wieder heiraten? Was soll mit eurem Sohn Telemach werden, der jetzt 18 Jahre alt ist?

Du bist Herakles. Du bist klug und stark und hast gute Aussichten, der berühmteste Mann auf der Welt zu werden. Da kommen zwei Göttinnen zu dir. Die eine verspricht dir ein Leben voller Mühen und Gefahren im Dienste der Menschen, die andere fordert dich auf, deine Kräfte ohne Rücksicht auf andere einzusetzen und so reich und mächtig zu werden. Wie entscheidest du dich?

Natürlich könnt ihr auch richtige kleine Theaterstücke spielen. Dazu müsst ihr vorher einen Text schreiben, die Rollen verteilen und einüben. Hier ein Vorschlag:

Der Erfinder Daidalos und sein Sohn Ikaros sind auf der Insel Kreta gefangen. Sie wollen fliehen. Daidalos ist ein geschickter Erfinder und stellt aus Wachs und Vogelfedern Flügel her. Eindringlich warnt er seinen Sohn, beim Fliegen der Sonne nicht zu nahe zu kommen, weil das Wachs sonst schmilzt und die Flügel nicht mehr tragen. Ikaros aber ist ein übermütiges Kind; er vergisst die Warnungen des Vaters und stürzt ins Meer. Daidalos verflucht bei der Leiche seines Sohnes sein Geschick und seinen ach so klugen Fluchtplan.

Großmacht Athen

Eine Geschichtskarte informiert darüber, in welchem Raum, an welchem Ort und zu welcher Zeit sich Ereignisse entwickelt haben. So kann sie das Verständnis von historischen Begebenheiten erleichtern.

Hier siehst du eine Karte über das Jahr 477 v. Chr. Deine Aufgabe ist es, diese Karte mit Hilfe der Checkliste im Schulbuch zu bearbeiten. Bevor du aber damit anfängst, lies noch einmal den Verfassertext im Kapitel „Freiheit durch Herrschaft über andere". Dann weißt du wieder, um welche Zeit es hier geht.

An die Arbeit:

Das Thema der Karte lautet: ______________________________

____

a) Dieser Raum wird mit der Karte dargestellt: ______________________________

b) Mitglieder des Attischen Seebundes waren: ______________________________

____

Zeitweise mit Athen verbündet waren: ______________________________

____

Mitglieder des Peloponnesischen Bundes waren: ______________________________

____

Auf diesen Zeitraum bezieht sich die Karte: ______________________________

Die Karte beschreibt diese politische Situation in Griechenland: ______________________________

____

____

Das Kapitel, in dem du die Karte findest, heißt „Freiheit durch Herrschaft über andere".
Nachdem du nun das Kapitel im Schulbuch noch einmal gelesen und danach die Karte erarbeitet hast, kannst du sicherlich sagen, ob und wie dir die Karte das Verständnis des Verfassertextes erleichtert hat. Was kann sie besser als ein Text? Was kann sie nicht so gut?

Neues aus Alexandria

Du hast die Aufgabe einen kleinen Artikel über Alexandria zur Zeit des Hellenismus zu schreiben. Stichworte hast du dir schon gemacht, aber leider sind sie dir durcheinander geraten. Jetzt musst du neu sortieren: Welche Stichworte gehören zu welcher Überschrift? Trage sie ein und formuliere dann vollständige Sätze. Aber Achtung! Damit es ein sinnvoller Text wird, musst du manchmal innerhalb einer Überschrift noch einmal sortieren.

Die Stichworte:
entdeckte Gesetz der Mathematik und Physik – 331 von Alexander gegründet – 120 m hoher Leuchtturm – meist friedliches, tolerantes Zusammenleben – griechische Lebensart vornehm – geplante Stadt – Geographen berechnen Erdumfang – „Heureka!" – keine arbeitsparenden Maschinen – Museion – Bibliothek – reiche Weltstadt – Weltwunder – Griechen lernen von Ägyptern und Babyloniern – 50 km Entfernung – Griechisch Weltsprache

Hellenismus:

Die Stadt Alexandria:

Wissenschaft in Alexandria:

Bauwerke und Technik in Alexandria:

Archimedes:

Nach dem Krieg: Sind alle Römer Sieger?

Nach dem endgültigen Sieg über die Karthager 201 v. Chr. kehrt der Legionär Aulus nach zwölf Jahren Kriegsdienst nach Italien zurück. Auf dem Weg trifft er seinen Freund Sextus.

Aulus: Das ist aber eine Freude, dass ich dich hier treffe, Sextus!
Sextus: Aulus! Was für ein Glück, dass du gesund aus dem Krieg zurückgekommen bist!
Aulus: Der Krieg ist endlich aus. Es hat lange gedauert. Aber nun haben wir gewonnen.
Sextus: Ja, der Krieg ist aus, aber wer hat gewonnen? Du?
Aulus: Ich auch.
Sextus: Warst du schon zu Hause, Aulus?
Aulus: Nein, seit 12 Jahren nicht mehr. Ich war die ganze Zeit Soldat.
Sextus: Weißt du, wie es zu Hause aussieht? Das Land wurde verwüstet, dein Haus ist niedergebrannt. Das waren Hannibals Leute, und es war niemand da, der deinen Hof hätte wieder aufbauen können.
Aulus: Ja, ich war Soldat. Aber meine Frau und die Kinder …
Sextus: Die sind nicht mehr auf deinem Hof!
Aulus: Was? Wo sind sie denn?
Sextus: In Rom, irgendwo in Rom. Da gibt es jetzt viele ehemalige Bauernfamilien.
Aulus: Wieso ist meine Familie nach Rom? Ich habe Land! Es ist nicht viel, aber man kann davon leben. Warum sollte meine Frau das Land verlassen haben?
Sextus: Sie hat einen reichen und guten Nachbarn gefunden.
Aulus: Das verstehe ich nicht.
Sextus: Ja, sie hat wirklich einen „guten" Nachbarn gefunden, einen Großgrundbesitzer, der hat ihr etwas Geld gegeben für das verwüstete Land, und jetzt lässt er es bebauen.
Aulus: Das kommt nicht in Frage! Das ist mein Land! Wir gehen zurück auf den Hof.
Sextus: Oh Aulus, du versteht das alles nicht! Hast du Geld, um deinen Hof aufzubauen, um Ackergerät zu kaufen? Kannst du jahrelang warten, bis die Ölbäume wieder Frucht tragen?
Aulus: Nein, Geld habe ich kaum. Aber wir werden uns einschränken und zunächst Getreide anbauen. Das bringt schnell Geld.
Sextus: Das brachte Geld, Aulus. Das war einmal. Glaube es mir! Ich habe es selbst ausprobiert. Früher bekamst du für dein Getreide einen Preis, mit dem du leben konntest. Was jetzt für Getreide bezahlt wird, reicht nicht zum Leben.
Aulus: Warum? Die Leute in der Stadt müssen doch weiterhin ihr Brot und ihr Mehl haben. Warum zahlen sie dann keine ordentlichen Preise mehr für das Getreide?
Sextus: Daran bist du eigentlich schuld, Aulus, du und deine Kameraden aus den Legionen. Ihr habt die Karthager besiegt und ihnen das fruchtbare Spanien abgenommen. Jetzt kommt billiges Getreide aus Spanien und Afrika nach Italien. Da braucht man das teure Bauerngetreide aus Italien nicht mehr.
Aulus: So ist das. So ist das. Aber wie kommt es, Sextus, dass der Großgrundbesitzer an meinem Land interessiert war, obwohl in der Landwirtschaft nichts mehr zu verdienen ist?
Sextus: Sag das nicht, Aulus! Für dich ist nichts mehr zu verdienen, weil du deine Äcker selbst bestellst. Dir hilft ja nur deine Familie. Aber für den Großgrundbesitzer arbeiten viele Sklaven. Mit denen produziert er billiges Getreide und vor allem Obst, Oliven, Wein und Vieh. Der Großgrundbesitzer verdient in der Landwirtschaft, weil seine Produktion rentabel ist.
Aulus: Sextus, was soll ich nur tun? Wovon soll ich mich und meine Familie ernähren?
Sextus: Gehe nach Rom, wo deine Familie schon ist! Arbeite dort. Suche dir einen freigiebigen Patron und verkaufe deine Stimme bei den Wahlen so teuer es geht! Du bist ja noch immer römischer Bürger, auch wenn du nun ein armer Teufel bist.
Aulus: Ich komme mir so vor, Sextus, wie wenn ich den Krieg verloren hätte …

(Zitiert und bearbeitet nach: Curriculum Geschichte, VIII.1 Folgen des 2. Punischen Krieges)

Lest den Text in der Klasse mit verteilten Rollen vor. Erklärt, was Aulus damit meint, als er zum Schluss sagt: „Ich komme mir so vor, wie wenn ich den Krieg verloren hätte …"

Stelle in einem Brief dar, wie Aulus' Ehefrau ihr Verhalten begründen könnte. Was könnte sie zu dem Verkauf des Landes veranlasst haben? Beschreibe, welche Hoffnungen sie vielleicht mit dem Umzug nach Rom verknüpfte. Falls du weitere Informationen benötigst, lies noch einmal den Verfassertext im Geschichtsbuch.

Lieber Aulus,

Drei römische Kaiser auf drei Münzen

Finde anhand der Erläuterungen heraus, bei welcher Abbildung es sich jeweils um die Vorder- und Rückseite derselben Münze handelt und verbinde die Seiten mit einer Linie.

a) Cäsar Octavianus Augustus (30 v. Chr.–14. n. Chr.): Goldmünze, ca. 20/18 v. Chr.
Auf der Vorderseite ist der Kopf des Augustus abgebildet, darunter befindet sich der Schriftzug „AVGVSTVS". Die Rückseite zeigt Victoria, die Göttin des Sieges. Sie drückt mit weit ausgebreiteten Flügeln einen Stier an den Hörnern nieder. Über ihrem Bild steht „ARMENIA", darunter „CAPTA". Übersetzt bedeutet das: „nach der Einnahme Armeniens".

b) Tiberius Nero Cäsar (14-37 n. Chr.): Goldmünze, 15/16 n. Chr.
Die Vorderseite zeigt den nach rechts gewendeten Kopf des Tiberius – mit einem Lorbeerkranz geschmückt. Er ist mit „TI[BERIVS] CAESAR DIVI – AVG[VSTI] F[ILIVS] AVGVSTVS (Tiberius Caesar Augustus, der Sohn des göttlichen Augustus)", umschrieben. Auf der Rückseite ist Tiberius mit Adlerszepter und Lorbeerzweig in einem Viergespann abgebildet. Rechts steht „TR[IBUNICA] POT[ESTAS] XVII (17-mal hatte er die tribunizische Gewalt)", das bedeutet, er war 17-mal Volkstribun, unten „IMP[ERATOR] VII (7-mal war er Imperator)".

c) Tiberius Claudius Drusus Cäsar (41–54 n. Chr.): Goldmünze, 47 n. Chr.
Vorn ist der Kopf des Claudius mit Lorbeerkranz und der Umschrift „TI[BERIVS] CLAVD[IVS] CAESAR AVG[VSTVS] P[ONTIFEX] M[AXIMVS] (Tiberius Claudius Caesar Augustus, Vorsteher des Priesterkollegiums) TR[IBVNICIA] P[OTESTAS] VI (6-mal hatte er die tribunizische Gewalt) IMP[ERATOR] XI (11-mal war er Imperator)" zu sehen, auf der Rückseite ein eintoriger Triumphbogen mit der Inschrift „DE BRITANN[IA]" (über Britannien). Am Dach zwischen zwei Trophäen ist die Reiterstatue des Claudius abgebildet.

Erkläre, was die Motive auf den Rückseiten der Münzen zu bedeuten hatten.

____

____

____

Handelsreisen im Römischen Reich

Gib die Ost-West-Ausdehnung und die durchschnittliche Nord-Süd-Ausdehnung des Römischen Reiches in km an.

Ein römischer Kaufmann reist von Ostia aus zu seinen Handelsniederlassungen in Massilia, Karthago, Alexandria und Londinium.

- *Trage die Handelswege (Reiserouten) mit einem Farbstift in die Karte ein.*
- *Nenne die heutigen Ländernamen, in denen sich die Handelsniederlassungen befanden.*

- *Wie lange war er jeweils unterwegs, wenn seine Handelsschiffe 120 km am Tag zurückgelegt haben?*

- *In welchen Sprachen hätte der Kaufmann sich heute auf seiner Reise verständigen müssen?*

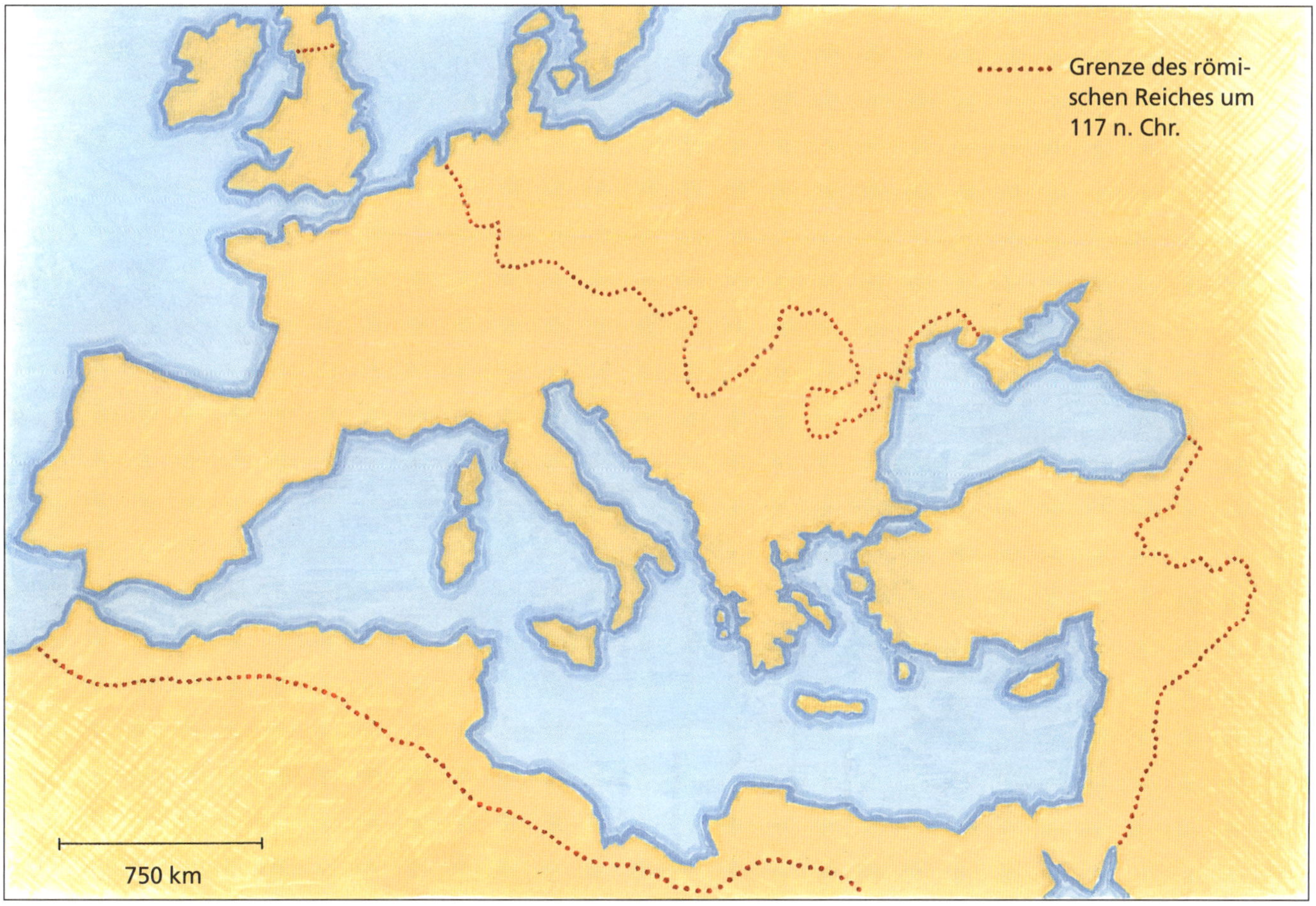

Welche heutige Staaten und Inseln gehörten zum Gebiet des Römischen Reiches?

Spiele der Römer

Die Kinder im römischen Reich kannten genauso viele Spiele wie die in Athen und in anderen griechischen Städten. Oft brachten Seefahrer und Kaufleute Spiele von den Besuchen in fremden Städten mit. Beliebt waren Gedulds- und Glücksspiele. Ihr könnt sie nachspielen. Vielleicht trefft ihr euch an einem Nachmittag in der Schule und fühlt euch so wie ein römisches Kind in Rom, Capua, Ostia oder Pompeji. Einige Spiele kommen dir bestimmt bekannt vor.

Par – impar (gerade – ungerade):
Zwei Spieler stehen sich gegenüber. Der eine hält in der rechten Hand einige kleine Gegenstände, die er in seiner Faust so verstecken kann, dass der andere sie nicht erkennen kann (z. B. Nüsse, Bohnen, Hölzer). Der andere muss nun raten, ob sich eine gerade oder ungerade Zahl von Gegenständen in der Hand befindet. Dann ist der andere an der Reihe und muss ebenfalls raten. Die römischen Kinder spielten meist um Nüsse. Ihr könnt natürlich auch um andere Gegenstände spielen. Jeder der beiden Spieler hat am Anfang die gleiche Zahl davon. Wer richtig geraten hat, bekommt von dem anderen Spieler eine Nuss. Verlierer ist der, der als Erster keine mehr hat.

Micare Digitis (Fingerschnellen)
Micare ist ein Spiel für zwei Personen, das so ähnlich gespielt wird wie unser Schnick-Schnack. Der Name bedeutet eigentlich „die Finger schnellen lassen". Die Römer liebten dieses Spiel sehr, noch heute wird es in Italien unter dem Namen „Morra" gespielt. In Rom wurde Micare eine Zeit lang verboten, weil um Geld gespielt wurde und man dabei viel Geld verlieren konnte.
Hier sind die Regeln:
2 Spieler stehen sich gegenüber. Die rechte Hand ist zur Faust geballt. Auf Kommando „eins, zwei" schwingen sie die Faust vor ihrem Körper hin und her. Auf das Kommando „drei" zeigt jeder Spieler eine beliebige Fingeranzahl und ruft gleichzeitig eine Zahl, die angeben soll, wie viele Finger er und sein Mitspieler zusammen zeigen werden. Wer richtig geraten hat, bekommt einen Punkt. Die Gewinnpunkte zeigt jeder Spieler für sich mit der erhobenen linken Hand an. Wer als Erster 5 Punkte gewonnen hat, ist Sieger. Bei diesem Spiel ist es wichtig, dass es so schnell wie möglich durchgeführt wird.

Ludus duodecim Scriptorum (das Zwölfpunktespiel)
Das Spiel kann von 2 Spielern gespielt werden. Ihr müsst euch aber das Spiel erst basteln. Dazu nehmt ihr einen großen weißen Karton, zeichnet das Spielfeld auf und schneidet es aus. Wie groß es werden muss, könnt ihr der Zeichnung entnehmen. Als Spielstein könnt ihr Figuren aus dem Mensch-ärgere-dich-nicht oder Halmaspiel nehmen.
Die beiden äußeren Reihen des Spielfeldes sind die eigentlichen Spielfelder. In der mittleren Reihe stehen die Figuren am Beginn des Spiels in Wartestellung. Jeder Spieler hat 12 Spielsteine, d. h. auf jedem Feld stehen 2 Steine. Ziel des Spiels ist es, alle Steine von dem rechten Feld der oberen Reihe gegen den Uhrzeigersinn bis über das letzte Feld rechts unten zu führen (I bis XXIV).
So wird es gemacht:
Die Spieler würfeln abwechselnd mit 2 Würfeln. Nach dem Wurf kann der Spieler wählen, ob er mit einem Stein so viele Felder weitergehen will, wie die beiden Würfel zusammen ausmachen, oder ob er mit je einem Stein die Augenzahl je eines Würfels vorrücken will.
Ein Stein, der alleine auf einem Feld steht, kann von einem Stein der anderen Farbe hinausgeworfen werden. Hinausgeworfene Steine müssen wieder auf ein Startfeld zurückgestellt werden. Stehen aber zwei oder mehr Steine einer Farbe auf einem Feld, so ist es für die andere Farbe gesperrt.
Nach einem Pasch (2 gleiche Zahlen auf den Würfeln) darf noch einmal gewürfelt werden. Gewonnen hat der, dessen Steine zuerst das ganze Feld durchlaufen haben. Am Schluss des Feldes darf mit beliebiger Zahl über das Ende hinaus gezogen werden.
Schwieriger wird das Spiel, wenn man es mit 3 Würfeln und je 15 Spielsteinen spielt. Auch diese Spielart haben die Römer gespielt.

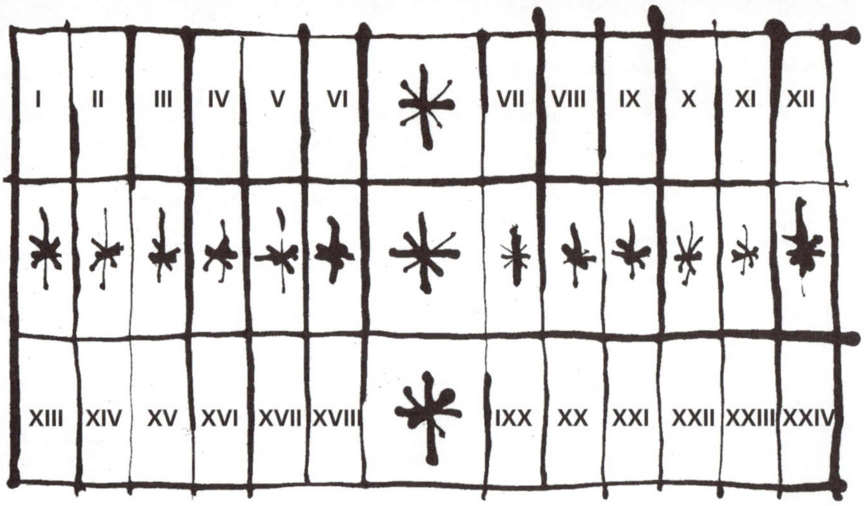

Titus wird Stadtführer in Rom

Eines Abends wird der 11-jährige Titus Tertius zu seiner Mutter gerufen. Sie erklärt ihm: „Dein Onkel Antonius hat uns eine Botschaft geschickt. Er möchte uns besuchen. Du weißt ja, dass er lange in Messina wohnte und nun seit vier Jahren in Alexandria lebt, wo er viel Erfolg mit seinen Handelsschiffen hat. Seine Frau und Lydia – sie ist etwa so alt wie du – begleiten ihn und möchten, dass du ihnen die Stadt zeigst. Notiere also schon einmal die Punkte für eine Stadtführung."

Titus zieht heimlich eine Grimasse. Pläne aufschreiben findet er grässlich. Und bei dem langweiligen Vortrag des Lehrers Andronicus über die Geschichte Roms hat er heimlich mit seinem Freund Flavius ein neues Würfelspiel ausprobiert. Aber der Lydia will er schon beweisen, dass Rom viel toller ist als Alexandria!

Nach einigem Stöhnen hat er sechs Punkte notiert:

1. Colosseum: Das Bauwerk ist so groß, weil hier täglich 10 000 Proletarier ihre Getreidespende erhalten.
2. Forum Romanum: Dies ist ein Versammlungsplatz mit mindestens 1000 Jahre alten Bauwerken.
3. Kapitol: Dies ist einer der 100 Hügel, auf denen Rom erbaut wurde. Hier seht ihr auch das Standbild der Wölfin und den Jupitertempel.
4. Palatinhügel: Da müssen wir unbedingt hin, von dort aus regieren nämlich die Kaiser unser Imperium. Von hier aus können wir auch unsere berühmteste Straße sehen, die Via Appia.
5. Circus Maximus: Hier kämpfen die Gladiatoren manchmal mit 100 Krokodilen gleichzeitig.
6. Thermen: Hier machen wir immer Schwimmwettkämpfe. Ich war schon einmal Sieger und durfte im Hafen von Ostia eine Rundfahrt mitmachen.

Vier der Erklärungen von Titus sind falsch. Findest du alle seine Fehler?
Trage die Nummern der genannten Sehenswürdigkeiten in die auf der Abbildung markierten Felder ein. Aber Achtung: Einer der genannten Orte ist auf dem Modellausschnitt nicht zu sehen. Findest du stattdessen noch Sehenswürdigkeiten, die Titus nicht auf seiner Liste hat?

____

____

____

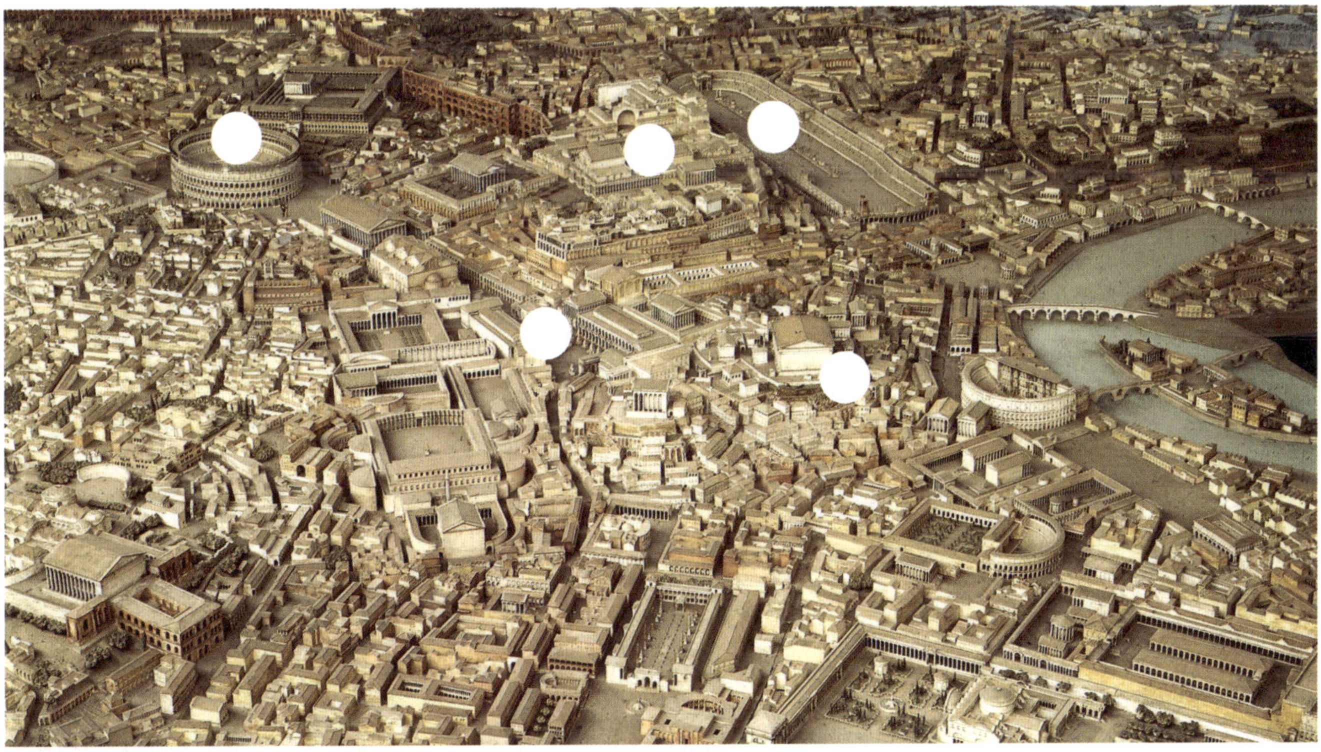

Zum Aquädukt oder der Cloaca maxima hätte Titus gern noch etwas notiert, denn darauf sind alle Römer mächtig stolz. Jeder Besucher Roms wird über diese technischen Meisterleistungen staunen.
Wie würdest du sie kurz (aber richtig!) erklären?

Aquädukt:

____

____

Cloaca maxima:

____

Sklaverei im Römischen Reich

In der Werkstatt „Sklaverei im Römischen Reich" habt ihr viel über das Leben der Sklaven erfahren. Sicherlich wird es dir nun wenig Mühe machen, die fehlenden Begriffe in den Text einzufügen:

Bei den Sklaven handelte es sich meistens um Menschen, die von den Römern auf__________________gefangen genommen worden waren. In den Grenzgebieten des Reiches waren zudem ständig__________________unterwegs. Manchmal kam es auch vor, dass ungewünschte Kleinkinder ausgesetzt, dann aber von Fremden mitgenommen und als Sklaven verkauft wurden. Die Kinder von Sklavinnen wurden auch wieder Sklaven – egal ob ihr Vater ein Sklave oder ein__________________war.

Sklaven wurden von den Römern wie Sachen oder Tiere gekauft. Und so verhielten sich manche Herren ihren Sklaven gegenüber sehr schlecht, andere sahen in ihnen aber auch__________________und behandelten sie rücksichtsvoll. Allerdings konnte sich kein Römer ein Leben ohne Sklaverei vorstellen.

Die Sklaven mussten für die Römer sehr unterschiedliche Tätigkeiten verrichten und lebten deshalb in sehr unterschiedlichen Verhältnissen. Die meisten Sklaven wurden für Arbeiten in der__________________eingesetzt, für das Bestellen und Ernten der Felder, Weinberge und Olivenbäume. Am härtesten war die Arbeit in den__________________. Sklaven wurden auch als______________ausgebildet, die einander bei den Spielen öffentlich auf Leben und Tod bekämpften.

Ein besseres Leben führten oftmals diejenigen Sklaven, die als Dienerinnen, Lehrer, Kindermädchen usw. in den __________________der Römer arbeiteten oder für sie Verwaltungsaufgaben ausführten. Zuweilen wurden wichtige Sklaven für ihre Dienste sogar mit Geld bezahlt. Innerhalb der römischen Städte konnten sich die Sklaven oft ziemlich frei bewegen, wobei sie in ihrer______________kaum von den ärmeren römischen Bürgern zu unterscheiden waren.

Nicht wenige Sklaven wurden von ihren Herren freigelassen und beim Aufbau einer eigenen Existenz unterstützt. Zu römischen Bürgern konnten aber erst die______________der Freigelassenen werden. Von den Freigelassenen wurde erwartet, dass sie als______________ihrem ehemaligen Herrn weiterhin ergeben waren, und der Herr sah es als seine Pflicht an, die Freigelassenen weiterhin zu unterstützen.

Die einzusetzenden Begriffe findest du hier:
Landwirtschaft, freier Bürger, Kriegszügen, Haushalten, Klienten, Sklavenjäger, Menschen, Bergwerken, Gladiatoren, Kleidung, Kinder

Kriegsgefangene, Mosaik in Tipasa (Mauretanien), 3./4. Jahrhundert n. Chr.

Die römische familia der Kaiserzeit

Lies die Texte auf den Kärtchen und entwirf ein Schaubild der römischen familia. Es sollte deutlich werden, wie die Mitglieder der familia zusammengehören und wer mehr oder weniger zu bestimmen hat. Du kannst dabei die Verbindungen durch Pfeile und zusätzliche Erläuterungen (z. B. „bestimmt über") kennzeichnen.
Stellt danach in der Klasse eure Lösungen vor und diskutiert die möglicherweise verschiedenen Anordnungen. Erläutert gemeinsam, worin sich die römische familia von der heutigen Familie unterscheidet.

Freigelassene
Von den freigelassenen Sklaven wird erwartet, dass sie ihrem früheren Herrn weiterhin für die Freilassung und für die Unterstützungen, die er ihnen gewährt hat, danken. Sie müssen ihn regelmäßig besuchen und sind oft auch dazu verpflichtet, einen Teil ihrer Einkünfte an ihn abzugeben oder ihm auf andere Art und Weise gefällig zu sein.

Sklaven
Sie sind entweder in den städtischen Haushalten ihrer Herren (Stadtsklaven) oder auf den landwirtschaftlichen Gütern (Landsklaven) tätig. Sklaven und Sklavinnen dürfen nicht heiraten, können aber zusammenleben und Kinder haben, die dann wieder Sklaven werden. Oft bestimmt der pater familias in seinem Testament, dass nach seinem Tod eine größere Zahl seiner Sklaven freigelassen werden soll.

Mein Schaubild

Kinder
Zu dieser Gruppe gehören nicht nur die natürlichen Kinder, sondern auch die adoptierten. Ferner werden die Frauen der Söhne und die Enkelkinder dazugezählt. Erst beim Tode des pater familias werden die Kinder frei (sui iuris) und können selber über das ererbte Vermögen verfügen. Die Töchter dürfen aber ihr Vermögen nicht weitervererben.

Pater familias
Er allein verfügt über den Familienbesitz; bis zu seinem Tod haben die übrigen Familienmitglieder seinen Befehlen zu gehorchen (patria potestas); nicht gewünschte Neugeborene kann er aussetzen; seine Klienten und Freigelassenen sind ihm zu Dank und zu Unterstützung verpflichtet.

Klienten
Dies sind freie Bürger, die freiwillig dem Gefolge eines adeligen pater familias angehören. Sie besuchen jeden Morgen ihren patron, bekommen dabei kleine (Geld-)Geschenke und werden manchmal auch zu den Gastmählern eingeladen. Der patron seinerseits genießt ein umso höheres Ansehen, je größer die Zahl seiner Klienten ist.

Mater familias (Matrona)
Sie steht entweder unter der patria potestas ihres Mannes oder verbleibt unter der potestas ihres eigenen pater familias. In diesem Fall behält sie ihr Vermögen (Mitgift) bzw. kann es im Fall der Scheidung zurückverlangen. Ihr Mann wird im Allgemeinen nicht von ihr selber, sondern von ihrem pater familias für sie ausgewählt.

Spätantikes Etappenrätsel

Das hier ist ein Rätsel in zwei Etappen.
Einer gibt das Startzeichen:
In der ersten Etappe müssen alle 14 Aufgaben gelöst werden. Die Anfangsbuchstaben der gesuchten Begriffe ergeben von oben nach unten gelesen das Lösungswort. Es handelt sich um einen Begriff aus der Spätantike.
Jetzt folgt die zweite Etappe:
Das Wort muss erklärt werden, außerdem soll der Grund für die Entstehung des Begriffs gefunden werden. Dabei hilft dir dein Geschichtsbuch.

Die erste Etappe:

1. Die Provinzen des Imperium Romanum wurden regiert von _ _ _ T _ _ _ _ _ _ _ _ .
2. Das Römische Reich wurde nicht nur von Norden und Süden bedroht, sondern auch von _ _ _ E _ .
3. Eine Grenzbefestigung des Römischen Reiches hieß _ _ _ _ S .
4. Ein Fluss, der die Nordgrenze des Römischen Reiches markierte, war die _ _ _ A _ .
5. Aus der Westhälfte des Römischen Reiches wurde das _ _ _ _ D _ _ _ _ .
6. Manche Römer versteckten ihren Münzschatz in einem Gefäß aus _ _ N .
7. Die wissenschaftliche Bezeichnung für „Esche" geht zurück auf das lateinische
   „Fraxinus _ _ _ _ L _ _ _ _".
8. Die heutige Stadt Salzburg lag in der Provinz _ _ _ _ C _ _ .
9. Die größte römische Stadt im heutigen Deutschland war _ _ _ N .
10. Die Ersten, die die Reichsgrenze überrannten, waren die _ _ _ _ _ _ N _ _ .
11. Seit dem 7. Jh. gibt es im Mittelmeerraum eine neue Religion, den _ _ L _ _ .
12. Viele Bürger des Römischen Reiches litten in der Spätantike unter den hohen _ _ _ _ _ R _ .
13. Die lateinische Sprache ist ein römisches _ _ _ E .
14. Die Hunnen, die im 4. Jahrhundert eine Wanderungsbewegung auslösten, waren ein _ _ _ _ _ _ _ _ _ K.

Das Lösungswort lautet: _ _ _ _ _ _ _ _ _ _ _ _ _ _

Die zweite Etappe: Der Begriff ______________________________ entstand aus folgendem Grund:

____

____

____

____

Panzerreiter greifen an!

Seit dem Beginn des dritten Jahrhunderts n. Chr. wurde das Römische Reich auch von Osten bedroht: Das neupersische Reich der Sassaniden begann, mit vielen Soldaten und neuen Waffen anzugreifen. Eine Geheimwaffe der Sassaniden waren ihre Panzerreiter, mit denen sie die römischen Legionen überrannten. Der griechische Schriftsteller Heliodor beschreibt diese um 250 n. Chr.:

Diese Truppe ist die Elite des Perserheeres und wird deshalb als unerschütterliche Mauer in vorderster Linie gestellt. Sie besteht aus ausgesuchten Leuten von besonderer Körperkraft und ist folgendermaßen ausgerüstet: Jeder Mann trägt einen aus einem Stück gemachten und eigens für ihn passenden Helm, der seinem Gesicht wie eine Maske genau nachgebildet ist und seinen Kopf vom Scheitel bis zum Nacken vollkommen bedeckt, mit Ausnahme einer Öffnung für die Augen. Seine Rechte hält eine Lanze, die länger ist als der gewöhnliche Speer. Die Linke ist frei für die Zügel. An der Seite hängt das Krummschwert. Nicht nur die Brust, sondern auch alle übrigen Körperteile sind durch den Panzer geschützt. Er besteht aus viereckigen Bronze- und Eisenplättchen von der Größe einer [Hand-]Spanne in jeder Richtung. Diese sind so zusammengefügt, dass eins mit dem Rand über das andere greift, das obere über das untere und ebenso ununterbrochen nach der Seite. Die einzelnen Glieder [...] bilden ein Schuppenkleid, das sich ungezwungen um den Körper legt, sich überall anschmiegt und durch Dehnen und Zusammenziehen leicht jeder Bewegung nachgibt. Es ist auch mit Ärmeln versehen, reicht vom Nacken zum Knie und geht nur an den Schenkeln auseinander, um das Besteigen des Pferdes zu gestatten. Dieser Panzer schützt gegen jede Art von Geschossen und macht eine Verwundung unmöglich. Der Beinschutz reicht von der Fußsohle bis zum Knie und schließt sich an das Panzerkleid an. Durch eine ähnliche Rüstung schützt man auch das Pferd. Man bindet ihm Schienen um die Beine, schützt den Kopf durch Stirnplatten und hängt ihm eine vom Rücken bis zum Bauch herabfallende Decke aus Eisengeflecht über, die es schützt und dank ihrer Schmiegsamkeit im Laufe nicht behindert. So gepanzert und gleichsam eingeschachtelt besteigt der Reiter das Pferd. Er springt nicht selbst auf, sondern muss wegen seiner Belastung von anderen heraufgehoben werden.

Kommt es zum Kampfe, lässt er dem Pferde die Zügel frei, gibt ihm die Sporen und braust wie ein Mann aus Eisen [...] klirrend gegen den Feind. Die Lanze ragt, waagrecht eingelegt, mit ihrer Spitze weit voraus und wird von einer Schlaufe am Pferdehals gehalten. Das Schaftende hängt in einer Schlinge am Schenkel des Pferdes und gibt dadurch beim Anprall nicht nach, sondern unterstützt die Hand des Reiters, der den Stoß nur zu lenken braucht. Wenn er sich in die Lanze legt und mit der ganzen Wucht seines Ansturms einstemmt, durchbohrt er alles, was ihm in den Weg kommt, und hebt mit einem Stoß bisweilen zwei Leute empor.

(Zitiert und bearbeitet nach: Helidoros, Äthiopische Geschichten 15. In: Geschichte in Quellen, Altertum, herausgegeben von Wolfgang Lautemann und Fritz Wagner, 4. Auflage, München 1989, S. 705–706.)

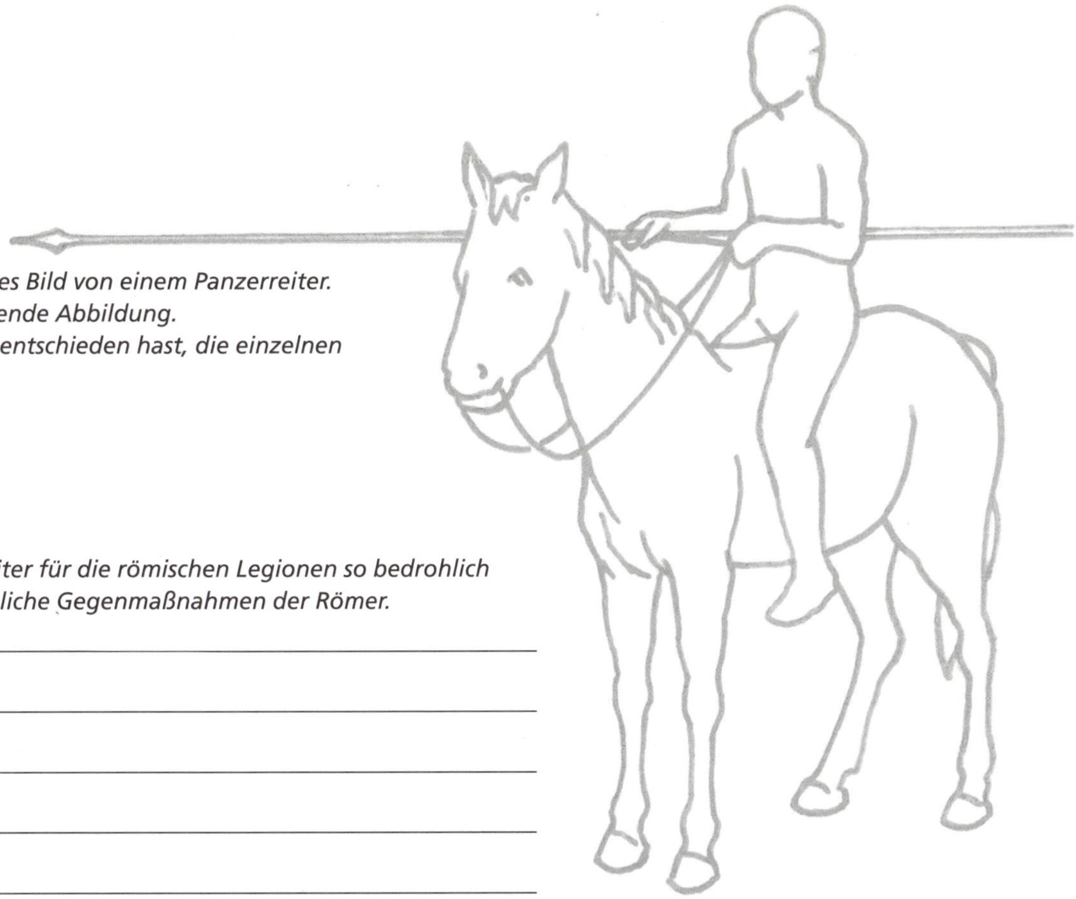

Zeichne ein möglichst genaues Bild von einem Panzerreiter. Ergänze dazu die nebenstehende Abbildung. Begründe dann, wie du dich entschieden hast, die einzelnen Teile zu zeichnen.

Erkläre, warum die Panzerreiter für die römischen Legionen so bedrohlich waren und überlege dir mögliche Gegenmaßnahmen der Römer.

An der Grenze des Römischen Reiches

Die Zeit der Völkerwanderung und der Auflösung des Römischen Reiches war für die Menschen sehr schwierig. Leider gibt es kaum Berichte über ihr Leben. Eine Ausnahme ist die Lebensbeschreibung des Heiligen Severin, der wahrscheinlich aus einer vornehmen Familie in Italien stammte und sich entschied, als Mönch und Priester zu leben. Er kümmerte sich von 467 bis 496 n. Chr. um die Menschen, die in den bedrohten römischen Grenzprovinzen im Donau/Ostalpenraum lebten (siehe Karte). Die Lebensbeschreibung ist eine „Heiligenvita". Ihr Verfasser, Eugippius, möchte zeigen, wie Gott durch Severin gewirkt hat. Daher werden viele Wundertaten Severins beschrieben, zum Beispiel die Heilung von Todkranken. Daneben berichtet Eugippius aber auch vieles über das Schicksal der Menschen. Hier sind vier kurze Berichte abgedruckt:

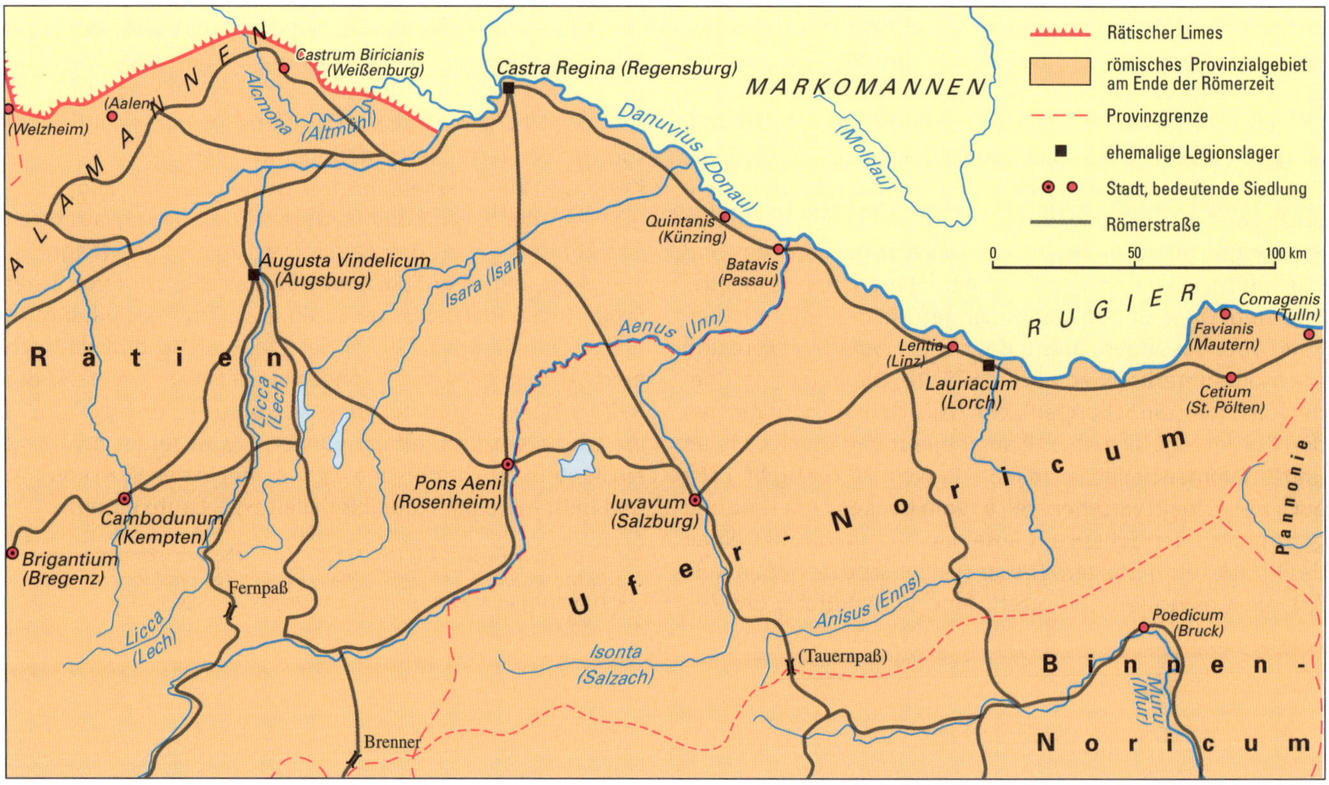

Karte der römischen Provinz Noricum, in der Severin lebte

Q 1 Bei einem überraschenden Raubzug rissen barbarische Räuber alles, was sie außerhalb der Mauern an Menschen und Vieh vorgefunden hatten, an sich und führten es weg. Da eilten mehrere Bürger unter Tränen zu Severin und [...] wiesen ihn auf Beweise für neuerliche Plünderungen hin. [Soldaten, die die Stadt bewachten] rückten aus und trafen auf die Räuber. Sofort schlugen sie diese in die Flucht und nahmen die Waffen aller an sich.

Q 2 Zu der Zeit, als das Römische Reich noch bestand, wurden die Soldaten vieler Städte zur Bewachung des Grenzwalles aus öffentlichen Mitteln unterhalten; als es diese nicht mehr gab, verschwanden zugleich mit dem Grenzwall auch die Soldaten. Nur in Batavis hielt noch eine Truppenabteilung durch, so gut es ging. Von dieser waren ein paar Männer nach Italien aufgebrochen, um für ihre Kameraden den letzten Sold herbeizuholen. Niemand hatte jedoch bemerkt, dass sie unterwegs von Barbaren getötet wurden. [...] Später wurden die Leichen der ermordeten Soldaten durch die Strömung des Flusses ans Land gespült.

Q 3 Die Bewohner der Stadt Quintanis, die durch die dauernden Alemanneneinfälle schon völlig zermürbt waren, verließen ihre eigenen Wohnsitze und siedelten in die Stadt Batavis über. Doch die Barbaren erfuhren davon und hofften nun, die Bevölkerung zweier Städte durch einen einzigen Überfall ausrauben zu können. Severin betete nun unermüdlich und ermunterte die Romanen sich zu wehren. [...] So stellten sich die Romanen zum Kampf gegen die Alemannen auf und besiegten diese. Severin sprach nun: „Meine Söhne, wisst, dass ihr mit Gottes Schutz die Freiheit erhalten habt, um in einer kurzen Zeit, die gewissermaßen ein Waffenstillstand ist, von hier wegzuziehen. Sammelt euch also und geht mit mir flussabwärts zu der Stadt Lauriacum." [...] Diese Mahnung befolgten die meisten. [...] Alle, die gegen das Verbot Severins geblieben waren, wurden noch in derselben Woche bei einem Überfall der Thüringer teils niedergemetzelt, teils in Gefangenschaft weggeschleppt.

(Zitiert und bearbeitet nach: Eugippius, Das Leben des heiligen Severin, übersetzt und herausgegeben von Theodor Nüsslein, Stuttgart: Reclam Verlag 1999)

Wie ging es weiter?
Auch in Loriacum können die Menschen nicht sicher leben. Nur für einige Jahre bietet diese Stadt Schutz. Im Jahre 488 n. Chr. kommt der Befehl aus Italien, die Provinz zu räumen. Die Menschen verlassen ihre Heimat und gehen nach Italien. Der Sarg Severins, der in Loriacum gestorben war, wurde mitgenommen.

Erkläre, warum die Stadtbewohner Hilfe beim Mönch Severin suchen? Wie wurde die Vertreibung der Räuber wahrscheinlich gedeutet?

Vor welchem Problem stehen die Bewohner der Stadt Batavis nach dem Fund der Leichen? Schlüpfe in die Rolle eines der Soldaten, der Batavis bewacht. Dieser Soldat denkt darüber nach, was er nun tun könnte. Schreibe verschiedene Gedanken auf, die der Soldat haben könnte.

Statue des heiligen Severin aus dem 16. Jahrhundert. Passau, Diözesanmuseum

Überlege dir, was die Thüringer mit den gefangenen Bewohnern der Stadt Batavis vorhaben könnten

Untersuche Q1 bis Q3 darauf, wie Eugippius deutlich macht, dass Gott durch Severin wirkt.

Schreibe aus dem Blickwinkel eines römischen Bauern, eines Soldaten oder eines Germanen einen Bericht darüber, wie sich das Leben der Menschen mit der Völkerwanderung geändert hat:

Bildquellennachweis

Seite 3: Frühzeit: Hessisches Landesmuseum, Darmstadt;
Seite 3: Hochkulturen: MEV Verlag GmbH, Augsburg;
Seite 3: Griechenland: Ancient Art & Architecture Collection Ltd.,
Seite 3: Rom: BPK
Seite 6: Hintergrund: Jörg Schelle, Bad Zwischenahn;
Seite 8: Bild 1: (c) Südtiroler Archäologiemuseum, Bozen/Italien;
Seite 9: Bild 1: AKG (Herbert Kraft), Berlin;
Seite 11: alle Bilder: Hein, Wulf, Friedberg (Archaeo-Technik);
Seite 16: Bild 1: BPK, Berlin;
Seite 18: Bild 1: Lotos Film, Kaufbeuren;
Seite 22: links: Bibliothèque Nationale de France, Paris; Seite 22: rechts: AKG, Berlin;
Seite 23: links: Staatliche Antikensammlung und Glyptothek München;
Seite 23: rechts oben und rechts unten: RMN (Louvre, Paris);
Seite 24: Bild 1: BPK, Berlin;
Seite 29: Bild 1: AKG, Berlin;
Seite 31: Hintergrund: The Bridgeman Art Library, London;
Seite 32: Bild 1: Corbis, Düsseldorf;
Seite 38: 4 Bilder: Cabinet des Medailles, Paris und 2 Bilder: British Museum, London;
Seite 41: Bild 1: Scala, Antella (Firenze);
Seite 42: Bild 1: British Museum, London;
Seite 47: Bild 2: (c) Dionys Asenkerschbaumer, Kellberg

Grafiken: Lutz-Erich Müller, Leipzig; Rudolf Hungreder, Leinfelden-Echterdingen; Veronika Richter, Köln

Geschichte Geschehen

Arbeitsheft 1
Lösungen

Ernst Klett Schulbuchverlag Leipzig
Leipzig Stuttgart Düsseldorf

Dieses Werk folgt der reformierten Rechtschreibung und Zeichensetzung. Ausnahmen bilden Texte, bei denen künstlerische, philologische oder lizenzrechtliche Gründe einer Änderung entgegenstehen.

Die Abbildungen sind dem Arbeitsheft 1 entnommen. Darin finden Sie auch Angaben zu den Bildquellen.

Kathi Richter

9 783124 110589

1. Auflage 1 8 7 6 5 | 2013 2012 2011 2010

Alle Drucke dieser Auflage sind untereinander unverändert. Die letzte Zahl bezeichnet das Jahr dieses Druckes.

Internetadresse: http://www.klett.de

Redaktion: Kerstin Meyer, Braunschweig
Satz: Ernst Klett Schulbuchverlag Leipzig GmbH, Leipzig
Druck: AZ Druck und Datentechnik, Kempten

ISBN: 3-12-411058-7

8 Sachquellen untersuchen

	Bild 1	*Bild 2*	*Bild 3*
Material	Gräser, Heu, Leder, Fell (Rekonstruktion)	gewebte Wollstoffe/ Schafwolle, Leder (Rekonstruktion)	feine Stoffe, handgearbeitete Spitzen, Leder, Schmuck/ Edelmetalle (Zeichnung)
Zustand	Materialien grob verarbeitet	verschiedene Materialien sachkundig verarbeitet, gewebt und genäht	kostbare Materialien aufwändig verarbeitet
Alter	ca. 3500 v. Chr.	ca. 1. Jahrhundert n. Chr.	17. Jahrhundert
Zweck/Bedeutung	Schutz vor Kälte, Schutz der Haut vor dornigen Pflanzen	Frauenkleidung, „Alltagsmode“, auch Kälteschutz	Männerkleidung, soll Reichtum/Prunk zeigen

9 Höhlenmalerei der Steinzeit – Kunst und Religion

Rentiergeweih, Eulengesicht, Vorderpfoten und Wildpferdfell stammen aus dem Tierreich; die Hinterbeine vom Menschen. Der Zauberer sollte die enge Verbindung von Mensch und Tier in dieser Zeit darstellen und das Jagdglück beim Erlegen der Tiere beschwören.

11 Wohnen in der Steinzeit

Es gehören zusammen: 1 und 5, 2 und 6, 3 und 4.

Abb. 4	**Abb. 5**	**Abb. 6**
Holzpfähle, -balken (Stützen, Wände)	Tierknochen/Mammut (Konstruktion)	Steine (Befestigung/ Fundament)
Schnüre, Riemen (Verbindung)	Tierfelle (Behang)	Äste (Konstruktion)
Gräser (Dach)	Steine (Feuerstelle)	Strohmatten (Behang)
Lehm (Verputz)		

Vergleich von Funden und Rekonstruktionen:

	Abb. 4	Abb. 5	Abb. 6
gefunden	Reste von Holzpfählen, Grundmauern, Hinweise auf tragende Stützen im Grundriss; Lehmreste	Mammutknochen, Hinweis auf Feuerstelle	Reste von Steinbefestigung, Löcher der Stützen, Feuerstelle
ergänzt	Balken, Verputz, Dachform und Abdeckung	Kuppelform, Felle	Kuppelform, Äste, Matten (Abdeckung)

12/13 Ein Arbeitsprozess: Metall gewinnen und bearbeiten

Die richtige Reihenfolge: a, d, e, b, c.

14/15 Die rätselhaften Uräusschlangen

Die Lösung lautet:

1. Niljahr,
2. Theben
3. Sphinx
4. Memphis
5. Abu Simbel
6. Mumie
7. Cheops
8. Pharao
9. Sirius
10. Echnaton
11. Gise
12. Totengericht
13. Karnak
14. Herodot
15. Mykerinos
16. Deir el-Medina
17. Papyrus
18. Luxor
19. Chephren
20. Tal der Könige
21. Hochkultur
22. Wüste

Es ergeben sich die Lösungsworte: TUTANCHAMUN und HOWARD CARTER.

16/17 Ein Bild aus einem ägyptischen Grab

Das Bild hat mehrere Abschnitte. Oben bereiten zwei Bauern mit Grabstöcken den Ackerboden für die Saat vor. Der Bauer links davon sät das Getreide (Gerste oder Emmer), in der Hand hält er ein kleines Weidentäschchen mit Körnern. Am rechten Rand ist ein kleiner Teich zu sehen, Bäume (wohl Sykomoren) umrahmen ihn. Ganz links kniet ein Bauer unter einem Baum, an dem ein Wasserbehälter hängt; er stillt seinen Durst. Im Vordergrund stehen mehrere Vorratsgefäße, in denen Nahrungsmittel und Wasser für die Bauern bereit gehalten werden. Die anschließende Szene zeigt wieder einen Bauern, der Körner verteilt.
Neben ihm zerteilen zwei Bauern mit einem Hammer die großen Schollen. Das durch die Größe der Figuren als Hauptszene erkennbare Motiv in der Mitte zeigt einen unbekleideten Bauern, der Körner aussät. Der Bauer neben ihm führt mit einer Peitsche ein Gespann mit zwei ins Joch gespannten Rindern, die einen Pflug ziehen. Der Pflug hat zwei Griffe, die Deichsel ist zwischen den Griffen befestigt und reicht dann bis zu den Hörnern der Tiere. Dort endet sie in dem Doppeljoch am Kopf der Rinder.

18/19 Ein Gesellschaftsschaubild: Mesopotamien

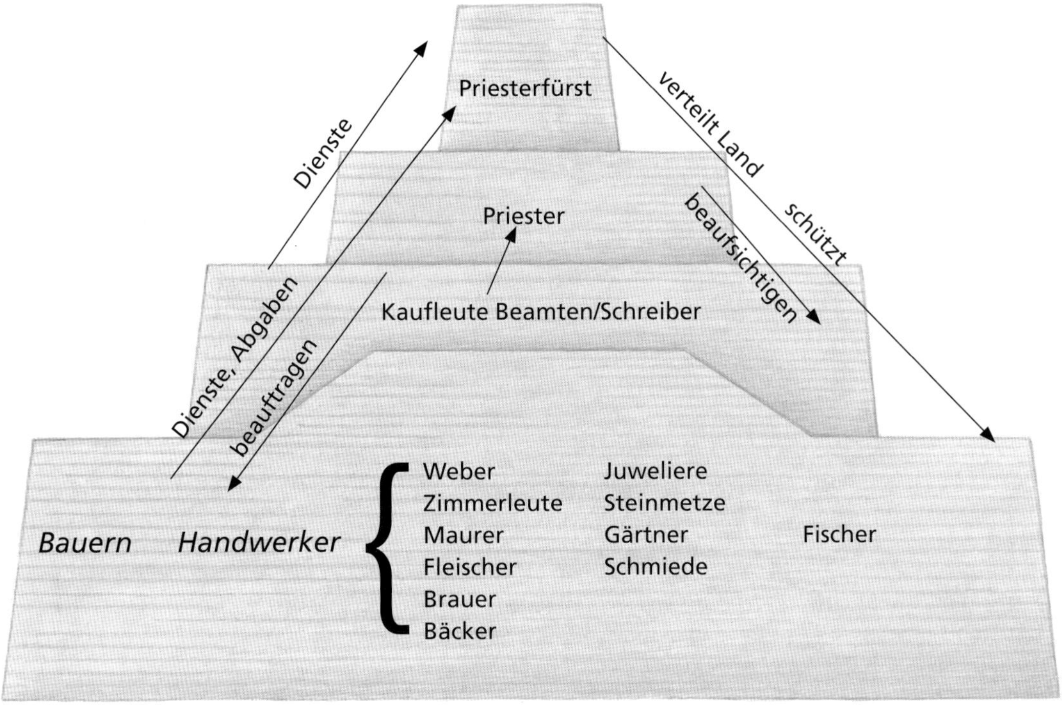

20 Das große Israel-Rätsel

1. Silbenrätsel:
In der Reihenfolge der Fragen: Kanaan, Jahwe, Abraham, Nomaden, Joseph, Mose, Exodus, Philister, Jerusalem, Salomo, Babylon, Monotheismus, Menora, Sabbat.

2. Quiz:
1 c, 2 a, 3 b, 4 b, 5 d

22/23 Helden – fast wie Götter verehrt

Die richtige Zuordnung ist:
Achilleus (3), Herakles (2), Ödipus (4), Theseus (1).
In der Vorstellung der Griechen verfügten Helden insbesondere über Mut, Kraft, Einsatzbereitschaft, Gerechtigkeitssinn, aber auch Klugheit, Aufrichtigkeit sowie Leidensfähigkeit, Standhaftigkeit wären zu nennen.

Achill ersticht Penthesilea, Innenbild einer attischen Schale, um 470 v. Chr. München: Staatliche Antikensammlung

Theseus auf dem Meeresgrund, Inneres einer rotfigurigen Schale, um 500 v. Chr. Paris, Louvre

Herakles im Kampf gegen den Nemäischen Löwen, schwarzfigurige Vase, um 500 v. Chr. Paris, Louvre

Ödipus vor der Sphinx, schwarzfigurige Vase, um 500 v. Chr. Paris, Louvre

24 Homer und die sportlichen Leidenschaften der Griechen

Als antike Wettkämpfe wären zu nennen: Wettlauf, Ringkampf, Weitsprung, Diskus(werfen), Faust(kampf), Bogen(schießen), Speer(wurf).
Bis heute erhaltene olympische Disziplinen sind Wettlauf, Ringen, Weitsprung, Diskuswurf, Boxen, Bogenschießen, Speerwurf.

25 Ratschläge Hesiods für ein erfolgreiches Leben

Die Zuordnungen:
1 zu c
2 zu a
3 zu d
4 zu e
5 zu b
6 zu h
7 zu i
8 zu f
9 zu g.
Das Lösungswort lautet SCHAFHIRT.

26/27 Kennst du dich aus in der Welt der Griechen?

Die Lösung lautet:
UEBERALL DIE GRIECHEN

Mögliche Reiserouten
Route 1: mit dem Schiff von Milet bis zur Insel Delos, dann nach Westen bis zur Ostküste der Peloponnes, entlang der Küste bis zur Südwestspitze, dann nach Norden bis zur Mündung des Alpheios, flussaufwärts bis nach Olympia.
Streckenlänge: rund 750 km; Reisedauer mit dem Schiff etwa 6 1/4 Tage.

Route 2: mit dem Schiff von Milet bis zur Insel Delos, dann weiter nach Piräus, auf dem Landweg über die Meerenge von Korinth, dann quer durch die Peloponnes bis nach Olympia.
Streckenlänge: rund 500 km; Reisedauer mit dem Schiff etwa 2 Tage und anschließend mit dem Pferdefuhrwerk noch etwa 1 Tage.

Route 3: auf dem Landweg von Milet entlang der Küste Kleinasiens nach Norden bis Troja, über den Hellespont, dann entlang der Küste Thrakiens, Makedoniens, Thessaliens, über den Thermopylenpass, durch Böotien bis Korinth, dann quer durch die Peloponnes bis nach Olympia.
Streckenlänge: rund 1250 km; Reisedauer mit dem Pferdefuhrwerk etwa 12 Tage.

28 Metapontion – eine griechische Siedlung in Italien

Der Vergleich macht deutlich, dass es sich bei Metapontion um eine typische griechische Kolonie handelt. Die Gründe: planmäßige Anlage, Straßenführung rechtwinklig, zentraler religiöser Bereich mit Tempeln, Agora, Markt, öffentlichen Gebäuden und ausgedehnten Wohnbereichen. Ebenfalls vorhanden: weitläufige Bereiche für Handwerk und Handel sowie eine äußere Befestigungsanlage.

29 Zusammenleben in der Polis

Erwartet wird eine Antwort, die die Wendungen Homers – indem sie sie auf die Griechen anwendet – gewissermaßen in ihr Gegenteil verkehrt. Sie könnte etwa so formuliert sein:

Die Griechen zur Zeit Homers lebten die Menschen in befestigten Häusern in dörflichen Siedlungen. Niemand stellte eigene Regeln für sich und die in seinem Haushalt lebenden Personen auf, sondern die Menschen hatten Regeln und Gesetze, die für alle galten. In ihren Gemeinschaften kümmerten sie sich umeinander und regelten gemeinsam, was alle anging.

30/31 Auswertung einer Textquelle: Solon rüttelt die Athener auf

Worum es geht:
Bürger geraten in Knechtschaft, das führt zu Streit in der Bürgerschaft und schließlich zum Verderben, da Feinde der Stadt zusetzen. Arme werden in Knechtschaft verkauft. Gesetze sollen der Ordnung wegen beachtet werden.

Einige Begriffserklärungen:
z. B. Zeile 22: Bünde = Zusammenschlüsse; Zeile 25: Schuldner = Personen, die ihre Schulden nicht zurückzahlen können; Zeile 32: Gesetzlichkeit = Wenn Gesetze gelten, spricht man von „Gesetzlichkeit".

Die Sinnabschnitte:
Zeile 17–20: Bürger geraten in Knechtschaft; Zeile 21–26: Die Stadt wird geschwächt, Arme geraten in Sklaverei; Zeile 30–33: Gesetze sollen beachtet werden.

Eine eigene Zusammenfassung:
z. B.: Solon will darauf hinweisen, wie wichtig die Befolgung von Gesetzen für eine Gemeinschaft ist.

34 Eine Geschichtskarte untersuchen

- Thema der Karte: Athen als Großmacht
- Raum der Karte: Das Ägäische Meer mit den angrenzenden Ländern
- Mitglieder des Attischen Seebundes: s. Legende, alle Poleis mit rotem Punkt
- Zeitweise mit Athen verbündet: s. Legende, alle Länder in gelber Farbe
- Mitglieder des Peloponnesischen Bundes: s. Legende, alle Poleis in grüner Farbe
- Zeit: nach 477 v. Chr.
- Politische Situation: Dualismus in Griechenland, Kampf um die Hegemonie zwischen Athen und Sparta

35 Neues aus Alexandria

Hellenismus: meist friedliches, tolerantes Zusammenleben – griechische Lebensart vornehm – Griechisch Weltsprache – Griechen lernen von Ägyptern und Babyloniern

Die Stadt Alexandria: 331 von Alexander gegründet – geplante Stadt – reiche Weltstadt

Wissenschaft in Alexandria: Museion – Bibliothek – Geographen berechnen Erdumfang

Bauwerke und Technik in Alexandria: 120 m hoher Leuchtturm – 50 km Entfernung – Weltwunder – keine arbeitssparenden Maschinen

Archimedes: entdeckte Gesetze der Mathematik und Physik – „Heureka!"

36/37 Nach dem Sieg über Hannibal: Sind alle Römer Sieger?

Als Gründe der Ehefrau für den Verkauf des Landes könnten genannt werden:
Mann war 12 Jahre fort; Landwirtschaft musste ohne Hilfe des Ehemannes aufrecht erhalten werden; Land wurde verwüstet, Haus zerstört; keine Hilfe beim Wiederaufbau; keine Hoffnung Zukunftschancen in der Landwirtschaft; Verkauf zu recht günstigen Bedingungen; Hoffnung, den Erlös für einen Neuanfang nutzen zu können; Hoffnungen darauf, dass durch einen Umzug nach Rom ein hilfreicher Patron gefunden werden und sich eine Chance auf einen Arbeitsplatz ergeben würde

38 Drei Römische Kaiser auf Münzen

Zuordnung der Vorder- und Rückseiten:

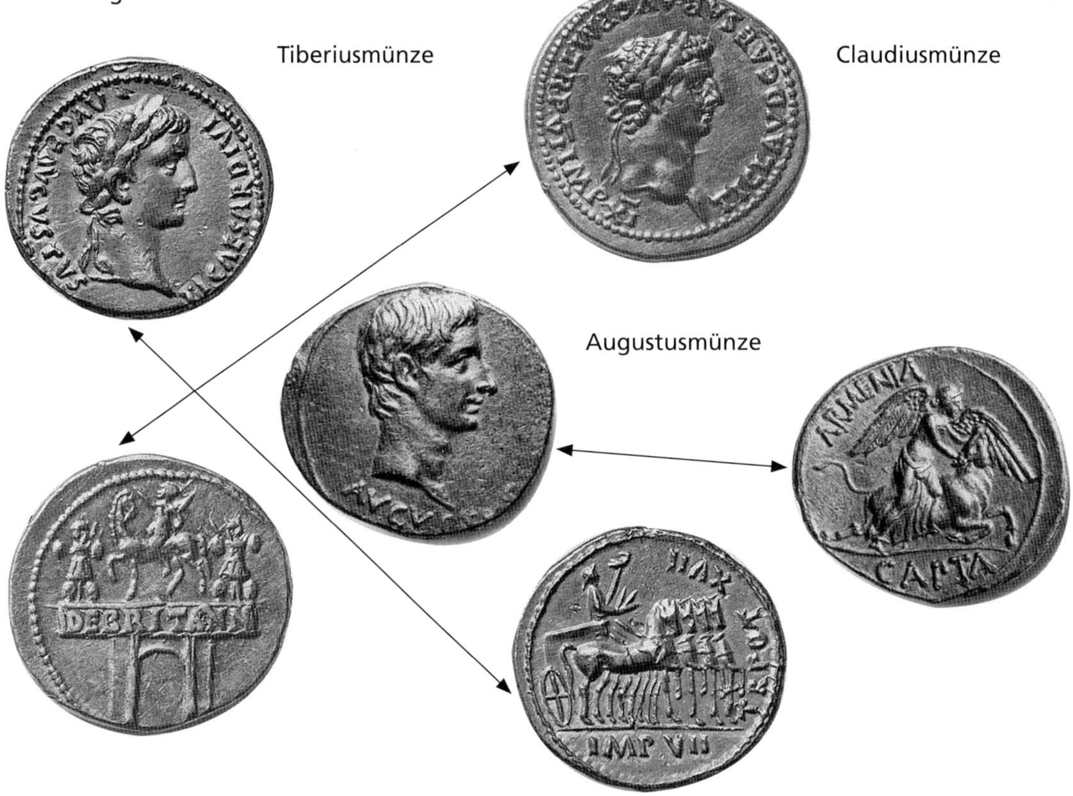

Die Bedeutung der Motive auf den Rückseiten:
- Augustusmünze: Augustus hat Armenien besiegt, das symbolisiert die Victoria. Der Stier stellt das besiegte Land dar.
- Tiberiusmünze: Viergespann, Lorbeer und Adlerszepter zeigen, dass Tiberius ein gefeierter, siegreicher Feldherr ist (Triumphator).
- Claudiusmünze: Ein Triumphbogen gebührt dem siegreichen Feldherrn. Bei einem Triumphzug wurden erbeutete Trophäen mitgeführt. Sie sind links und rechts von Claudius zu sehen. Reiter und Pferd sind in Siegerpose dargestellt.

39 Handelsreisen im Römischen Reich

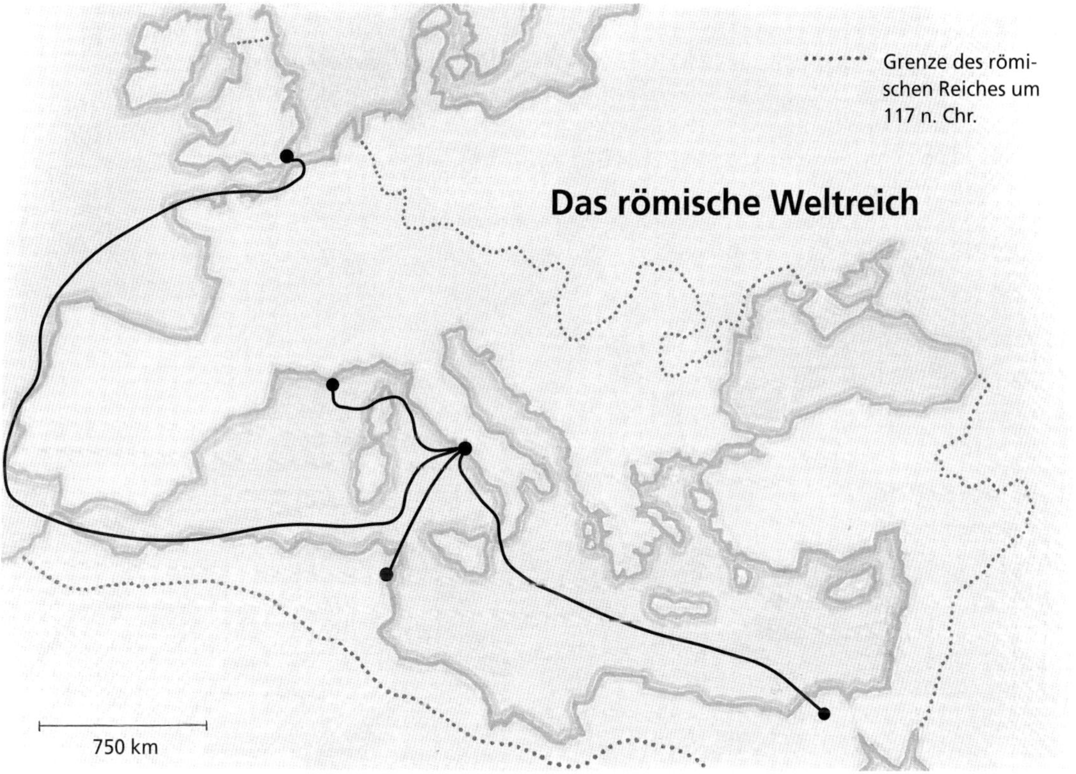

Ost-West-Ausdehnung und die durchschnittliche Nord-Süd-Ausdehnung des Römischen Reiches: rd. 4500 km; rd. 2000 km

Heutige Ländernamen, in denen sich die Handelsniederlassungen befanden:
Frankreich, Tunesien, Ägypten, Großbritannien

Wie lange war er jeweils unterwegs, wenn seine Handelsschiffe täglich 120 km zurückgelegt haben?
nach Massilia etwa 43/4 Tage; nach Karthago etwa
41/2 Tage; nach Alexandria etwa 16 Tage;
nach Londinium etwa 37 Tage

In welchen heutigen Sprachen musste sich der Kaufmann jeweils verständigen?
Er musste sich in Französisch, Arabisch (Tunesisch als Dialekt), Arabisch, Englisch verständigen.

Welche heutigen Insel und Staaten lagen auf dem Gebiet des Römischen Reichs?
Inseln: Korsika, Sardinien, Kreta, Zypern
Europäische Staaten: Portugal, Spanien, Frankreich, Niederlande, England, Belgien, Luxemburg, Schweiz, Italien, Teile von Deutschland, Österreich, Teile Ungarns, Rumäniens und Bulgariens, Slowenien, Kroatien, Serbien, Albanien, Griechenland
Afrikanische und kleinasiatische Staaten: Marokko, Algerien, Libyen, Tunesien, Ägypten, Israel, Libanon, Syrien, Türkei

41 Titus wird Stadtführer in Rom

Verbesserung der Erklärungen:
Im Colosseum erhielten die Proletarier keine Getreidespenden, es war ein Amphitheater für Tierhetzen und Gladiatorenkämpfe; die Jahreszahlen der Tempel auf dem Forum sind stark übertrieben, also falsch; Rom ist nicht auf hundert, sondern auf sieben Hügeln erbaut worden; im Circus Maximus fanden keine Gladiatorenkämpfe statt, sondern Wagenrennen.

Nicht auf dem Modellausschnitt zu sehen sind die genannten Thermen. Andere Sehenswürdigkeiten, die Titus nicht auf seiner Liste hatte, waren etwa das Marcellustheater für Schauspiele sowie der Tiber.

Äquadukt: eine Wasserleitung in Brückenform
Cloaca Maxima: bedeutender Kanal für die Abwässer von Rom

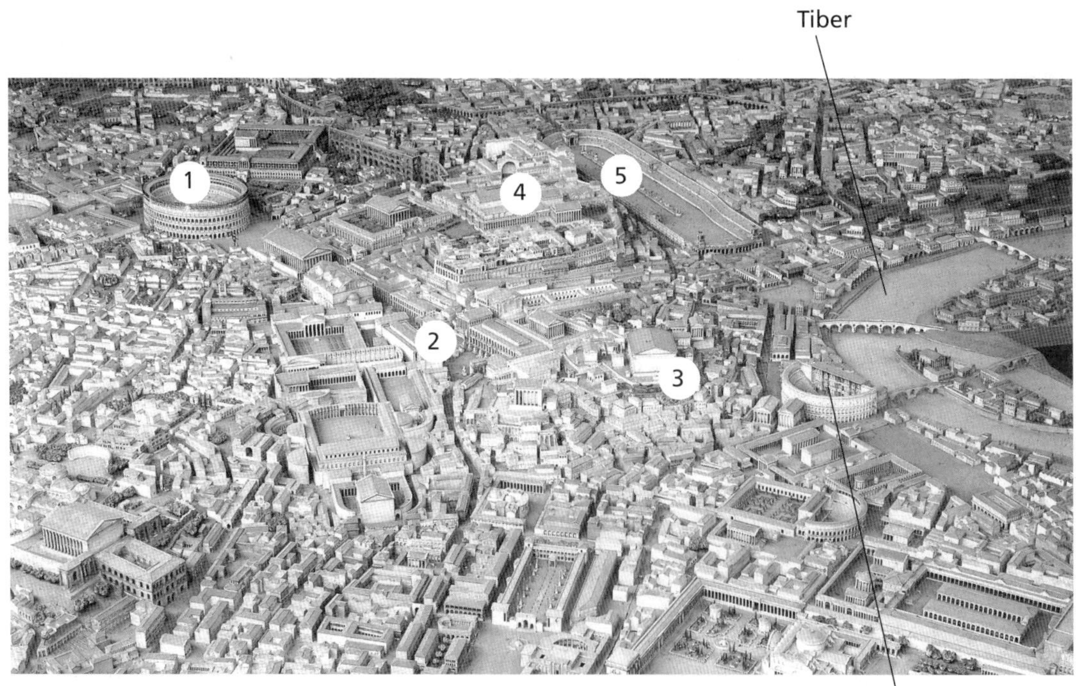

42 Sklaverei im Römischen Reich

Bei den Sklaven handelte es sich meistens um Menschen, die von den Römern auf ... *Kriegszügen* ... gefangen genommen worden waren. In den Grenzgebieten des Reiches waren zudem ständig ... *Sklavenjäger* ... unterwegs. Manchmal kam es auch vor, dass ungewünschte Kleinkinder ausgesetzt, dann aber von Fremden mitgenommen und als Sklaven verkauft wurden. Die Kinder von Sklavinnen wurden auch wieder Sklaven – egal ob ihr Vater ein Sklave oder ein ... *freier Bürger* ... war.
Sklaven wurden von den Römer wie Sachen oder Tiere gekauft. Und so verhielten sich manche Herren ihren Sklaven gegenüber sehr schlecht, andere sahen in ihnen aber auch ... *Menschen* ... und behandelten sie rücksichtsvoll. Allerdings konnte sich kein Römer ein Leben ohne Sklaverei vorstellen.
Die Sklaven mussten für die Römer sehr unterschiedliche Tätigkeiten verrichten und lebten deshalb in sehr unterschiedlichen Verhältnissen. Die meisten Sklaven wurden für Arbeiten in der ... *Landwirtschaft* ... eingesetzt, für das Bestellen und Ernten der Felder, Weinberge und Olivenbäume. Am härtesten war die Arbeit in den ... *Bergwerken* ... Sklaven wurden auch als ... *Gladiatoren* ... ausgebildet, die einander bei den Spielen öffentlich auf Leben und Tod bekämpften.
Ein besseres Leben führten oftmals diejenigen Sklaven, die als Dienerinnen, Lehrer, Kindermädchen usw. in den ... *Haushalten* ... der Römer arbeiteten oder für sie Verwaltungsaufgaben ausführten. Zuweilen wurden wichtige Sklaven für ihre Dienste sogar mit Geld bezahlt. Innerhalb der römischen Städte konnten sich die Sklaven oft ziemlich frei bewegen, wobei sie in ihrer ... *Kleidung* ... kaum von den ärmeren römischen Bürgern zu unterscheiden waren.
Nicht wenige Sklaven wurden von ihren Herren freigelassen und beim Aufbau einer eigenen Existenz unterstützt. Zu römischen Bürgern konnten aber erst die ... *Kinder* ... der Freigelassenen werden. Von den Freigelassenen wurde erwartet, dass sie als ... *Klienten* ... ihrem ehemaligen Herrn weiterhin ergeben waren, und der Herr sah es als seine Pflicht an, die Freigelassenen weiterhin zu unterstützen.

44 Panzerreiter greifen an! Das Neupersische Reich bedroht die Grenzen

Gründe für Bedrohung der römischen Legionen: Panzerreiter waren ausgesuchte Soldaten von großer Körperkraft, die sehr gut mit dem Pferd umgehen konnten. Sie verfügten über eine besondere Ausrüstung: Einen Helm und eine Panzerung, die Reiter und Pferd vollständig schützte, sowie – als Waffen – Lanze und Schwert. Die Lanze konnte vom Pferd aus gegen die feindlichen Soldaten eingesetzt werden.
Mögliche Gegenmaßnahmen: Die einzelnen Reiter waren durch die schwere Panzerung relativ unbeweglich. Daher konnte versucht werden, sie vom Pferd zu stoßen.

45 Spätantikes Etappenrätsel

1 Statthaltern
2 Osten
3 Limes
4 Donau
5 Abendland
6 Ton
7 Exelsior
8 Noricum
9 Köln
10 Alemannen
11 Islam
12 Steuern
13 Erbe
14 Reitervolk

Informationen über die Soldatenkaiser finden sich im Verfassertext des Kapitels „Das Römische Reich in der Krise" unter dem Abschnitt „Soldatenkaiser herrschen".

46/47 Zur Zeit der Völkerwanderung an der Grenze des Römischen Reiches

Eine mögliche Erklärung:
Severin hatte angeblich Wundertaten vollbracht, z. B. Todkranke geheilt. Außerdem hat er Notleidenden zu helfen versucht. Die Vertreibung der Räuber wurde wahrscheinlich so gedeutet, dass Severin Gott bewogen hat, den Truppen zu helfen.

Mögliche Gedanken des römischen Soldaten am Limes:
Wir, die Soldaten vor Batavis, haben niemanden mehr, der uns schützt. Unseren Feinden, den Barbaren, stehen wir allein gegenüber. Sie sind in der Mehrzahl und könnten uns übewältigen. Sollten wir fliehen?

Mögliche Gründe der Gefangennahme:
Die Gefangenen könnten als Sklaven verkauft oder als Geiseln gefangengehalten werden, um gegen Gold o. ä. eingetauscht zu werden.

Als Hinweise auf göttliches Wirken könnte Folgendes aufgefasst werden:
Severin hilft den Menschen, sich zu wehren. Die Taten, die er unterstützt, und die Pläne, die er macht (z. B. ruft er zum Auszug aus Batavis auf/Q3), sind erfolgreich. Die Menschen, die seinen Ideen nicht folgen (Q3) oder gegen die sich seine Taten richten (Q1), geraten in Not, werden gefangen genommen oder getötet. Gott scheint also auf der Seite Severins zu stehen.

9 783124 110589

ISBN 3-12-411058-7

Klett